T0198484

essentials

essentials liefern aktuelles Wissen in konzentrierter Form. Die Essenz dessen, worauf es als „State-of-the-Art" in der gegenwärtigen Fachdiskussion oder in der Praxis ankommt. *essentials* informieren schnell, unkompliziert und verständlich

- als Einführung in ein aktuelles Thema aus Ihrem Fachgebiet
- als Einstieg in ein für Sie noch unbekanntes Themenfeld
- als Einblick, um zum Thema mitreden zu können

Die Bücher in elektronischer und gedruckter Form bringen das Expertenwissen von Springer-Fachautoren kompakt zur Darstellung. Sie sind besonders für die Nutzung als eBook auf Tablet-PCs, eBook-Readern und Smartphones geeignet. *essentials:* Wissensbausteine aus den Wirtschafts-, Sozial- und Geisteswissenschaften, aus Technik und Naturwissenschaften sowie aus Medizin, Psychologie und Gesundheitsberufen. Von renommierten Autoren aller Springer-Verlagsmarken.

Weitere Bände in der Reihe http://www.springer.com/series/13088

Walther Müller-Jentsch

Mitbestimmung

Arbeitnehmerrechte im Betrieb und
Unternehmen

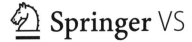 Springer VS

Walther Müller-Jentsch
Fakultät für Sozialwissenschaft
Ruhr-Universität Bochum
Bochum, Nordrhein-Westfalen
Deutschland

ISSN 2197-6708   ISSN 2197-6716   (electronic)
essentials
ISBN 978-3-658-24173-5   ISBN 978-3-658-24174-2   (eBook)
https://doi.org/10.1007/978-3-658-24174-2

Die Deutsche Nationalbibliothek verzeichnet diese Publikation in der Deutschen Nationalbiblio-
grafie; detaillierte bibliografische Daten sind im Internet über http://dnb.d-nb.de abrufbar.

Springer VS

Springer VS ist ein Imprint der eingetragenen Gesellschaft Springer Fachmedien Wiesbaden
GmbH und ist ein Teil von Springer Nature
Die Anschrift der Gesellschaft ist: Abraham-Lincoln-Str. 46, 65189 Wiesbaden, Germany

Was Sie in diesem *essential* finden können

- Erläuterungen zum Begriff und zur Rechtfertigung der gesetzlichen Mitbestimmung durch Betriebsrat und Arbeitnehmervertretung im Aufsichtsrat.
- Einen Abriss der wechselvollen und konfliktreichen Geschichte der Entstehung und Weiterentwicklung der Mitbestimmung in Deutschland.
- Kenntnisse über die rechtlichen Grundlagen und die Praxis der gesetzlichen Mitbestimmung und der freiwilligen direkten Partizipation.
- Eine Erörterung über die Ordnungsfunktion der Mitbestimmung in der Sozialen Marktwirtschaft.
- Informationen über die Mitbestimmung in der Europäischen Union.

Vorbemerkung

Anders als für die im Grundgesetz der Bundesrepublik Deutschland garantierte Tarifautonomie (GG Art. 9 Abs. 3 Koalitionsfreiheit) existiert für die Mitbestimmung jenseits der politischen Sphäre keine grundgesetzliche Garantie staatsbürgerlicher Partizipation. Gleichwohl räumen eine Reihe von Gesetzen den Arbeitnehmern und ihren Vertretern in Betrieben und Unternehmen dezidierte Mitbestimmungsrechte ein. Die in den Paragrafen sedimentierten historischen Kompromisse bilden die Grundlage für eine in Deutschland im Verlauf einer langen Geschichte herausgebildeten *Mitbestimmungskultur.* Ihr sind die nachfolgenden Seiten gewidmet.

Inhaltsverzeichnis

Begriff, Geltungsbereich und Rechtfertigung der Mitbestimmung

1

Für das Wort *Mitbestimmung* existiert keine eindeutige Definition. Im weitesten Sinne steht es für Mitsprache, Mitwirkung, Teilhabe, Beteiligung, Mitentscheidung.

Für diesen weiten Begriffsumfang eignet sich *Partizipation* als Oberbegriff für alle Teilhabe- und Beteiligungsrechte.

Das im Englischen für die deutsche Mitbestimmung gebildete Äquivalent *Co-determination* verweist auf die engere Bedeutung von *Mitentscheidung*. Dies deckt sich mit der vom Juristen Wolfgang Däubler vorgeschlagenen Definition, der unter Mitbestimmung die „gleichberechtigte Mitentscheidung der Arbeitnehmer oder ihrer Repräsentanten" (1973, S. 7) versteht. Für andere Formen der Arbeitnehmerbeteiligung, beispielsweise der beratenden Teilhabe auf der Grundlage von Informations- und Vorschlagsrechten oder in Gestalt der Mitsprache und Mitberatung, steht der Begriff *Mitwirkung* zur Verfügung. Auch sie wird im deutschsprachigen Kontext mitgemeint, wenn von Mitbestimmung die Rede ist.

Die Überlegungen führen uns zu folgender Definition:

Mitbestimmung bezeichnet grundsätzlich die Mitwirkung und Mitentscheidung jener, deren Arbeits- und Lebensweise durch Entscheidungen anderer beeinflusst werden (können), welche aufgrund formaler Rechts- oder Besitzverhältnisse dazu befugt sind, aber deren Entscheidungsbefugnisse durch die Mitbestimmung der davon Betroffenen ihre Begrenzung finden.

Von der politischen Partizipation unterscheidet sich die wirtschaftliche Partizipation in mehrfacher Hinsicht. Kernelement der politischen Partizipation ist die Teilnahme der Staatsbürger an politischen Willensbildungs- und Entscheidungsprozessen durch die Wahrnehmung des grundgesetzlich garantierten Wahlrechts auf Bundes-, Landes- und Gemeindeebene. Weitere Formen der politischen Partizipation sind die Mitwirkung in Parteien, die Beteiligung an Bürgerinitiativen und die Artikulation politischen Protests (Demonstrationen, ziviler Ungehorsam).

© Springer Fachmedien Wiesbaden GmbH, ein Teil von Springer Nature 2019
W. Müller-Jentsch, *Mitbestimmung,* essentials,
https://doi.org/10.1007/978-3-658-24174-2_1

Die Partizipation im wirtschaftlichen Bereich kann folgenden drei Domänen zugeordnet werden:

- *Arbeitsmarkt:* Für dessen Ordnung ist die Tarifautonomie (vgl. Müller-Jentsch 2018) zuständig, in deren Rahmen Gewerkschaften und Arbeitgeber bzw. deren Verbände paritätische Vereinbarungen über „Arbeits- und Wirtschaftsbedingungen" treffen.
- *Unternehmen:* Die Mitbestimmung im Unternehmen wird von gewählten Vertretern der Arbeitnehmer im Aufsichtsrat von Kapitalgesellschaften ausgeübt.
- *Betrieb:* Für die Mitbestimmung im Betrieb ist ein von der Belegschaft gewählter Betriebsrat zuständig. Des Weiteren können freiwillige Partizipationsmodelle und Human Resource Management den Mitarbeitern Möglichkeiten zur Mitsprache einräumen.

(*Unternehmen* und *Betrieb* bezeichnen zwei miteinander verbundene Komplexe einer Wirtschaftsorganisation, wobei Unternehmen für die Planungs- und Entscheidungsebene, Betrieb für die technisch operative Ebene steht).

In dieser Schrift wird die Mitbestimmung im Betrieb und Unternehmen dargestellt und analysiert. Die im Rahmen der Tarifautonomie garantierten und ausgeübten Mitbestimmungsrechte der Gewerkschaften hat der Autor in einer gesonderten Schrift abgehandelt (s. „Tarifautonomie. Über die Ordnung des Arbeitsmarktes durch Tarifverträge", Müller-Jentsch 2018)

∗∗∗

Die Mitbestimmung im Betrieb und Unternehmen ist eine deutsche Spezialität mit einer langen Geschichte (siehe dazu das folgende Kapitel). Zu ihrer Rechtfertigung haben namhafte Autoritäten und Sozialreformer grundlegende Argumente beigetragen mit Antworten auf die zentrale Frage: Ist der Arbeitnehmer nur Arbeitskraft und Vollzugsorgan in der Produktion oder wird er auch als ein mit staatsbürgerlichen Rechten ausgestattetes Mitglied im Betrieb und Unternehmen, quasi als „Arbeits- und Wirtschaftsbürger", anerkannt?

Angesichts des heraufziehenden Industrialismus, dessen Auswirkungen in England und Frankreich früher als in Deutschland zu beobachten waren, diagnostizierten bereits im Vormärz (1815–1848) aufgeklärte Köpfe die „Nöte und Abhängigkeiten der Fabrikarbeiter" (Teuteberg 1961, S. 2) und forderten Beschränkungen der Unternehmergewalt durch mitbestimmende Arbeitervertretungen. Sie begründeten ihre Forderung in doppelter Weise: einerseits mit der Warnung vor der Gefahr einer drohenden sozialen Revolution, sollte der Fabrikdespotismus nicht aufgehoben werden, andererseits mit dem Verweis auf einen grundsätzlichen Rechtsanspruch, dessen Einlösung erst die „Einbürgerung des Arbeiters in die Gesellschaft" (ebd., S. 14) garantiere.

In Varianten tauchten diese beiden Rechtfertigungsargumente im historischen Verlauf immer wieder auf. Insbesondere der „Widerspruch zwischen staatsbürgerlicher Freiheit und betrieblicher Fremdbestimmung" (Milert und Tschirbs 2012, S. 44) bewog den Kathedersozialisten Gustav Schmoller 1890 die „leitenden, kapitalbesitzenden Kräfte" darauf hinzuweisen, dass sie „nur die Wahl zwischen der kommenden sozialen Revolution [...] und einem Mitreden der Arbeiter" hätten (zitiert nach Teuteberg 1961, S. 287). Und der Jurist und Politologe Ernst Fraenkel stellte in der Weimarer Republik anlässlich des zehnjährigen Bestehens des Betriebsrätegesetzes mit Genugtuung fest: „So wie das gleiche Wahlrecht das Selbstgefühl des Arbeiters als *Staats*bürger erzeugt, so vermag das Betriebsrätegesetz Hemmungen zu beseitigen, die dem Gefühl *Arbeits*bürger zu werden, entgegenstehen" (zitiert nach Milert und Tschirbs 2012, S. 40). Fraenkel nahm damit vorweg, was der englische Soziologe Thomas H. Marshall in den 1950er Jahren mit dem Begriff der „industrial citizenship" umschrieben hat: nämlich dass der Staatsbürger neben seinen politischen Rechten auch Anspruch auf die Grundrechte einer „wirtschaftlichen Staatsbürgerschaft [*industrial citizenship* im Original]" (Marshall 1992, S. 82) habe.

Neben der Forderung, die politische Gleichberechtigung durch wirtschaftliche Mitbestimmung zu ergänzen – ein Rechtsanspruch, der sich aus dem Status des freien Staatsbürgers ergibt –, sind in der neueren Diskussion weitere Rechtfertigungsgründe für die Mitbestimmung vorgetragen worden. Von besonderem Gewicht sind die Argumente, welche die von Kurt Biedenkopf geleitete Mitbestimmungskommission in ihrem Gutachten zur „Mitbestimmung im Unternehmen" 1970 vorbrachte. Nach ihrer Ansicht sei die Mitbestimmung im Unternehmen abzuleiten aus:

1. dem besonderen rechtlichen, wirtschaftlichen und sozialen Charakter des Arbeitsverhältnisses, wie er durch den Arbeitsvertrag, die organisatorische Eingliederung des Arbeitnehmers in den Betrieb, die Verfügung über die Arbeitskraft des Arbeitnehmers und die damit verbundene, dem Arbeitsverhältnis eigene Autoritätsbeziehung gestaltet wird;
2. der Zugehörigkeit des Arbeitnehmers zum Unternehmen, die durch das Arbeitsverhältnis begründet wird und ihre konkrete Gestaltung durch den Beitrag erfährt, den der Arbeitnehmer im Rahmen der Organisation Unternehmen zur Verwirklichung des Zwecks der Organisation entsprechend der unternehmerischen Planung und unter einheitlicher Organisationsgewalt leistet (Mitbestimmung im Unternehmen, S. 56, Ziffer 1).

Die als Wertentscheidung verstandene Rechtfertigung der Mitbestimmung fand die Kommission in der Werteordnung der Bundesrepublik begründet, wie im Grundgesetz verkörpert, zuvörderst im Artikel 1: „Die Würde des Menschen ist unantastbar", sowie im nachfolgenden Artikel 2 über die Garantie der freien Entfaltung der Persönlichkeit.

Die Kommission begreift die Mitbestimmung, die in Form und Reichweite von der anderer Nationen marktwirtschaftlichen Typs markant abweicht, als „eine für die deutsche Sozialordnung charakteristische Form der institutionellen Bewältigung der Abhängigkeitsprobleme im Unternehmen" und als „spezifische Einstellung zum Problem der Organisations- und Leitungsgewalt gegenüber Menschen" (Mitbestimmung im Unternehmen, S. 57, Ziffer 4). Die „Unterwerfung unter fremde Leitungs- und Organisationsgewalt" sei „mit der Würde des Menschen nur dann vereinbar, wenn dem Betroffenen die Möglichkeit der Einwirkung auf die Gestaltung der Leitungs- und Organisationsgewalt eingeräumt wird, der er unterworfen ist" (ebd., S. 65, Ziffer 21). Resümierend hält die Kommission die „Formel von der Demokratisierung der Wirtschaft" für verwendbar, soweit „die Grundsätze der Selbstbestimmung, der Achtung vor der Menschenwürde und der Ausgleich oder der Abbau einseitiger Machtstellungen durch Kooperation der Beteiligten und die Mitwirkung an Entscheidungen durch die von der Entscheidung Betroffenen" (ebd., S. 65, Ziffer 23) beachtet werden.

Ein weiterer Rechtfertigungsgrund der Mitbestimmung, der vornehmlich aus sozialethischer Sicht der Kirchen vorgebracht wird, ist die „Gleichberechtigung von Kapital und Arbeit" (Honecker 1995, S. 507).

Kurze Geschichte der deutschen Mitbestimmung

2

Die Geschichte der Mitbestimmung in Deutschland geht zurück bis auf das Frankfurter Paulskirchen-Parlament von 1848. Dem Soziologen Otto Neuloh zufolge ist die Mitbestimmung aus drei „Handlungslinien" hervorgegangen: der „Angebotslinie der Unternehmer", der „Forderungslinie der Arbeiterbewegung" und der „Gesetzgebungslinie" (Neuloh 1956, S. 109). Es gab keinen Masterplan – erst im Mit- und Gegeneinander der drei Akteure entwickelte sich die Mitbestimmung zu einem spezifischen Modell der Arbeitnehmervertretung, das seine tieferen Wurzeln in den christlichen und sozialreformerischen Zeitströmungen des 19. Jahrhunderts hatte. In diesem Kapitel werden ihre historischen Wegmarken aufgezeigt.

Erste Initiativen von Unternehmern Als um 1850 die industrielle Produktionsweise auch in Deutschland Einzug hielt, brachte sie mit der Fabrik eine neue, für den frühen Kapitalismus charakteristische Produktionsstätte hervor, die eine Vielzahl von Arbeitskräften an einem Ort unter einem Kommando zusammenfasste. Damit stellte sich das Problem, wie in dieser Ordnung die Arbeiter vertreten werden sollten. Wer sprach für sie? Sollten sie überhaupt eine eigenständige Stimme haben? Mit solchen Fragen taten sich anfänglich sowohl Unternehmer wie die entstehende Arbeiterbewegung sehr schwer.

Einige sozial eingestellte Unternehmer hatten bereits im Deutschen Kaiserreich freiwillig betriebliche Arbeiterausschüsse eingeführt (Milert und Tschirbs 2012, S. 78 ff.). Zum Teil gingen sie, besonders nach der Reichsgründung 1871, aus den von größeren Gewerbebetrieben eingerichteten Unterstützungskassen für Notfälle hervor, deren Vorstände von Arbeitern gebildet wurden. Unter Leitung der Betriebsführung berieten sie über Fragen der Fabrikordnung und schlichteten bei Streitigkeiten – meist zwischen den Arbeitern, seltener zwischen Arbeitern und Vorgesetzten. Doch blieben die Rechte dieser Gremien eng beschränkt;

© Springer Fachmedien Wiesbaden GmbH, ein Teil von Springer Nature 2019
W. Müller-Jentsch, *Mitbestimmung*, essentials,
https://doi.org/10.1007/978-3-658-24174-2_2

Akkord- und Lohnfragen wurden in der Regel ebenso wenig erörtert wie Arbeits-
zeitfragen. In den meisten Fabriken war der Eigentümer der Alleinherrscher.
Vereinzelt gab es jedoch liberale Unternehmer, die sich einer sozialen Unter-
nehmens- und Wirtschaftsverfassung verpflichtet fühlten. Zu ihrer betrieblichen
Sozialpolitik gehörte auch der Arbeiterausschuss als ein gewähltes Organ der
Fabrikarbeiter, das mehr als dekorative Rechte besaß. Der Berliner Jalousien-
fabrikant Heinrich Freese (1909), Mitbegründer der „Gesellschaft für Soziale
Reform", war einer dieser aufgeklärten Geister. Weil eine einseitige Fabrikordnung
aus seiner Sicht den liberalen Ideen von Gleichheit und Gerechtigkeit widersprach,
richtete er bereits 1884 einen Arbeiterausschuss ein, dessen Mitglieder aus den
Reihen der Arbeiter und Fabrikbeamten (damalige Bezeichnung für Angestellte)
gewählt wurden. Zu dessen Befugnissen gehörte die freie Vereinbarung mit der
Geschäftsleitung über die Fabrik- und Arbeitsordnung. Dass Freese überdies eine
Gewinnbeteiligung der Arbeiter und bereits 1907 den Achtstundentag einführte,
dokumentiert die Ernsthaftigkeit seiner Gesinnung.

Wirksame Mitsprache räumten auch die Optischen Werke von Carl Zeiss in
Jena den Arbeitnehmern ein. Sie wurden nicht nur am Gewinn des auf Betreiben
von Ernst Abbe in eine Stiftung umgewandelten Unternehmens beteiligt, sondern
erhielten durch eine eigenständige Betriebsvertretung auch Mitwirkungsrechte
bei Lohnangelegenheiten, Entlassungen und der Verwaltung von Wohlfahrtein-
richtungen (Teuteberg 1961, S. 267 ff.).

Freilich fanden Freeses „konstitutionelle Fabrik" und Abbes Stiftung wenig
Nachahmer; sie blieben einige der wenigen Inseln im Meer des (nur teilweise
aufgeklärten) Fabrikabsolutismus. Die von vielen Großunternehmen schon zur
Erhaltung der Leistungsfähigkeit und Bindung der gelernten Fachkräfte eingerichteten Unterstützungskassen und andere Sozialeinrichtungen änderten daran
wenig. Insbesondere der Schwerindustrie war die Vorstellung einer „Zwischeninstanz" zwischen dem patriarchalisch-paternalistischen Unternehmer und seinen
Beschäftigten Anathema.

Staatliche Intervention Es waren manifeste Revolutionsdrohungen oder Arbeits-
kämpfe (etwa der Aufstand der schlesischen Weber von 1844, der nationale Buch-
druckerstreik von 1848 und die großen Streiks der Textil- und Bergarbeiter um die
Jahrhundertwende), die den Staat auf den Plan riefen, um zwischen den Klassen-
fronten mit einer „versöhnenden Arbeiterpolitik" zu vermitteln. Auf diese Weise
wurde er zum Geburtshelfer der Mitbestimmung.

Bereits während der deutschen Revolution von 1848, als erstmals ein gesamt-
deutsches Parlament in der Frankfurter Paulskirche tagte, befasste sich dieses
auch mit einem Gesetzentwurf für eine Fabrikordnung; er gilt heute als erste

staatliche Mitbestimmungsinitiative (Teuteberg 1961, S. 94–114). Der Text, der von einer Abgeordnetengruppe um den sächsischen Textilfabrikanten Carl Degenkolb eingebracht wurde, enthielt ein umfassendes System betrieblicher und überbetrieblicher Mitbestimmung (ebd., S. 111). Die Pläne blieben jedoch Papier. Sie waren so kurzlebig wie die Revolution, die von der 1850 einsetzenden Reaktion erstickt wurde.

Ein halbes Jahrhundert später wurden im Bergbau erstmals Beteiligungsrechte gesetzlich verankert. Eine Intervention des Staates war notwendig geworden, um unversöhnliche Konfliktkonstellationen zwischen Kapital und Arbeit aufzulösen. Unter quasi-feudalen Verhältnissen hatten die Grubenbarone und Stahlregenten an der Ruhr eine spezifische Unternehmermentalität für die Führung der in Großbetrieben zusammengeballten Massen entwickelt. Was das Vorbild war, hatte der Saarindustrielle Carl Ferdinand Freiherr von Stumm deutlich formuliert: „Wenn ein Fabrikunternehmen gedeihen soll, so muss es militärisch, nicht parlamentarisch organisiert sein" (zitiert nach Teuteberg 1961, S. 298).

Entschieden wandten sich die Eigentümer gegen jede Einmischung – sei es von Regierungsstellen, Parteien oder Gewerkschaften, sei es von Kirchen oder Sozialreformern. Unter dem scharfen antigewerkschaftlichen Kurs der Bergbauunternehmer eskalierten in den Jahren 1889 und 1905 zwei revierweite Streiks zu bürgerkriegsähnlichen Auseinandersetzungen.

Am größten Arbeitskampf in der deutschen Sozialgeschichte des 19. Jahrhunderts von 1889 beteiligten sich 90.000, d. h. nahezu alle Bergarbeiter des Ruhrgebiets, ohne dass es einen zentralen Streikaufruf gegeben hatte. Die militärische Intervention folgte auf dem Fuße und hatte bereits in der ersten Streikwoche elf Tote und zwei Dutzend Verwundete als Opfer zu verzeichnen. Der Streik markierte einen „Wendepunkt der sozialgeschichtlichen Entwicklung der Ruhrindustrie" (Adelmann 1963, S. 420). Er gab der preußischen Staatsverwaltung Veranlassung, Überlegungen zum Abbau sozialer Spannungen und zur Beseitigung von Streikursachen anzustellen. Aber erst ein zweiter Ausstand mit 200.000 streikenden Bergarbeitern im Jahr 1905, diesmal von den nach 1889 gegründeten Gewerkschaften organisiert, führte zur Einführung gesetzlich verordneter Arbeiterausschüsse im preußischen Bergbau.

Die preußische Staatsverwaltung deutete die Zeichen der Zeit dahin gehend, dass es an geeigneten Vermittlungsinstanzen für die Beschwerden der Arbeiter fehlte. Da sie diese Erkenntnis den konzessionsunwilligen Ruhrindustriellen nicht vermitteln konnte, blieb der Ministerialbürokratie allein der Weg, ihre auf soziale Pazifizierung gerichteten Ziele mit administrativen und gesetzlichen Maßnahmen zu verfolgen So wurde im Jahr 1905 gegen erbitterten Widerstand der privaten Zechenbesitzer die Einrichtung von Arbeiterausschüssen im preußischen Steinkohlenrevier ab 100 Beschäftigten gesetzlich geregelt, nachdem die Unternehmer die Empfehlung der

Berggesetznovelle von 1892, freiwillige Arbeiterausschüsse einzurichten, völlig ignoriert hatten: im Ruhrgebiet war „nicht eine einzige Betriebsvertretung auf den Zechen" (Teuteberg 1961, S. 421) ins Leben gerufen worden. Bayern hatte bereits 1900 für seine Zechen Arbeiterausschüsse vorgeschrieben.

Der Historiker Hans Jürgen Teuteberg klassifiziert die mit der Berggesetz-novelle von 1905 eingeführten Arbeiterausschüsse als „einen Höhepunkt der staatlichen Sozialpolitik vor dem Ersten Weltkrieg" (1961, S. 438). Mit ihr wurde der für die deutsche Betriebsverfassung folgenreiche Entwicklungspfad einer „Verrechtlichung" der Arbeitsbeziehungen betreten.

Stellungnahmen der Sozialreformer (Kathedersozialisten) Nationalökonomen, wie die als „Kathedersozialisten" bezeichneten Lujo Brentano, Adolph Wagner und Gustav Schmoller traten für den Gedanken der „prinzipiellen Gleichberechtigung des Arbeiters in der Wirtschaft" ein (Teuteberg 1961, S. 282) und geißelten die Unwahrhaftigkeit des „freien Arbeitsvertrages" (Brentano 1890, S. XIV), der in Wahrheit einem Diktat gleichkomme.

Zum Ausgleich der Unterlegenheit des Arbeiters als „Warenverkäufer" forderte Lujo Brentano die unbeschränkte Koalitionsfreiheit für die Gewerk-schaften, während Gustav Schmoller „dem Mitbestimmungsrecht der Arbeiter im Betrieb eine größere Chance bei einer wirksamen Interessenvertretung als den Gewerkschaften [gab]" (Teuteberg 1961, S. 285), ohne diesen ihre Existenz-berechtigung abzusprechen.

In einem Berliner Vortrag warnte Schmoller:

> Die leitenden kapitalbesitzenden Kräfte haben nur die Wahl zwischen der kommen-den socialen Revolution, welche unsere ganze wirtschaftliche Kultur begraben kann, und zwischen einem Mitreden der Arbeiter in Form der englischen Gewerkvereine oder in Form der bescheidenen deutschen Arbeiterausschüsse. Ein dritter Weg ist unmöglich (zitiert nach Teuteberg 1961, S. 287).

Schmollers kluger Einsicht entging nicht das Problem der „doppelten Loyalität" der Ausschüsse:

> Sie sollen Vertrauens- und Amtsorgan des Werkes sein und daneben zugleich Interessenvertretung der Arbeiter. Aber in dieser Doppelfunktion liegt gerade der Vorzug. Der Egoismus der Interessenvertretung wird gemildert durch die Sach-kenntnis und das Pflichtbewußtsein, welche die Verwaltung der Kassen und anderer Geschäfte geben (zitiert nach Teuteberg 1961, S. 287).

Auf einer Tagung des Vereins für Socialpolitik 1890 stieß die Forderung nach Einführung obligatorischer Arbeiterausschüsse auf eine breite Ablehnungsfront der Fabrikanten. Henri Axel Bueck, der Geschäftsführer des Centralverbandes deutscher Industrieller, hielt jedwede Zwischeninstanz zwischen Arbeitgeber und Arbeiter – ob Arbeiterausschuss oder Gewerkschaft – für ein Übel. In seinem Korreferat geißelte er diejenigen, die den Arbeitern „eine Gleichberechtigung und ein Selbstbestimmungsrecht in Aussicht stellen, welches absolut nicht mit unserer Wirtschafts- und Gesellschaftsordnung vereinbar ist" (zitiert nach Teuteberg 1961, S. 295).

Die Fronten waren verhärtet. Während die Befürworter von Arbeiterausschüssen damit argumentierten, dass als Alternative eine Revolution drohe und man den Sozialdemokraten den Wind aus den Segeln nehmen müsse, sahen deren Gegner in der Einrichtung von Arbeiterausschüssen eine Anerkennung des Interessengegensatzes zwischen Kapital und Arbeit, dem die Sozialdemokratie ihre Existenz verdanke.

Gewerkschaftliche Position Gewerkschaften und Sozialdemokratie lehnten die nach ihrer Ansicht zur Eindämmung „sozialdemokratischer Umtriebe" – ein damals verbreitetes Stereotyp konservativer Politiker und Repräsentanten der Wirtschaft – ins Leben gerufenen Fabrik- und Arbeiterausschüsse ab. Die Freien Gewerkschaften erblickten aufgrund der Erfahrungen mit den von den Arbeitgebern gegründeten wirtschaftsfriedlichen „Fabrik- und Werkvereinen" (Mattheier 1973) in ihnen eine bewusst geschaffene Konkurrenz zu den gewerkschaftlichen Organisationen. Der Sozialdemokrat August Bebel erklärte anlässlich ihrer Einführung in einer Rede im Reichstag 1891, diese seien nicht mehr als ein „scheinkonstitutionelles Feigenblatt, mit dem der Fabrikfeudalismus verdeckt werden soll" (zitiert nach Milert und Tschirbs 2012, S. 71).

Da die Vertreter der Groß- und Schwerindustrie die Gewerkschaften nicht als Verhandlungspartner anerkennen wollten, blieben diese praktisch bis zur Novemberrevolution von 1918/19 ohne Repräsentanz in den Betrieben – ein Problem, das der Deutsche Metallarbeiterverband zu lösen versuchte, indem er ein Vertrauensmännersystem aufbaute. Andere Gewerkschaften folgten seinem Beispiel. Bei den Wahlen zu den Arbeiterausschüssen im Bergbau, die zunächst boykottiert worden waren, änderte der freigewerkschaftliche „Verband der Bergarbeiter Deutschlands" (1889 nach dem großen Streik gegründet) seine ablehnende Haltung, nachdem die christliche Gewerkschaft beachtliche Erfolge errungen hatte, und beteiligte sich an den nachfolgenden Wahlen. Durch diese Hintertür – das hatten die Ruhrindustriellen in ihrer Angst vor sozialdemokratischer Subversion richtig gewittert – gelang es den Gewerkschaften schließlich, über die Arbeiterausschüsse Einfluss auf die betrieblichen Belange zu nehmen.

Gesetz über den vaterländischen Hilfsdienst Eine Wende brachte der Erste Weltkrieg. Die „Burgfriedenspolitik" des Wilhelminischen Staates gegenüber der Arbeiterschaft und den Gewerkschaften führte zur Verabschiedung des „Gesetzes über den vaterländischen Hilfsdienst" von 1916. Es sah vor, Arbeiterausschüsse in allen Betrieben mit mindestens 50 Beschäftigten einzurichten. Wenn diese auch nur Beratungs- und Anhörungsrechte hatten, konnten sie im Konfliktfall doch einen paritätischen, mit Gewerkschafts- und Arbeitgebervertretern besetzten und unter einem neutralen Vorsitzenden tagenden Schlichtungsausschuss anrufen, dessen Spruch der Unternehmer sich unterwerfen musste (Milert und Tschirbs 2012, S. 78 f.).

Die mit dem Gesetz vollzogene Anerkennung der Gewerkschaften und vorgeschriebene Einrichtung von Arbeiterausschüssen feierte die Gewerkschaftspresse als „stärkste kriegssozialistische Maßnahme" und als „einen ungeheuren Fortschritt" (Zeitung des Metallarbeiterverbands) auf dem Weg zur Verwirklichung ihrer Reformvorstellungen (Schönhoven 1987, S. 106). Die betriebliche Mitbestimmung wurde von nun an zum integralen Bestandteil gewerkschaftlicher Programmatik und Praxis.

Räte und Betriebsräte Für die Gewerkschaften beginnt die eigentliche Geschichte der Mitbestimmung mit der Institution des Betriebsrats. Seinen Namen verdankt er der sozialrevolutionären Rätebewegung in der Novemberrevolution nach dem Ersten Weltkrieg. Die aus den Massenstreiks gegen Kriegsende entstandene Bewegung kämpfte für die Einsetzung von Arbeiterräten als betriebliche Kontroll- und Verwaltungsorgane. „Alle Macht den Räten!", lautete die von den russischen Revolutionären übernommene Kampfparole. Gewerkschaftsführung und Mehrheits-Sozialdemokratie erwarteten, dass diese „politischen Organe der Revolution" bald wieder verschwänden. Doch die vornehmlich in Betrieben der Metallindustrie und im Bergbau organisierten Räte drohten stattdessen, den etablierten Verbänden den Rang abzulaufen: mit Rätekongressen und Zentralstellen suchten sie sich überbetrieblich zu organisieren. Um dieser Entwicklung Rechnung zu tragen, wurde der Weimarer Verfassung, parallel zum parlamentarischen System, ein Rätesystem eingeschrieben.

Der Artikel 165 postulierte: „Die Arbeiter und Angestellten sind dazu berufen, gleichberechtigt in Gemeinschaft mit den Unternehmern an der Regelung der Lohn- und Arbeitsbedingungen sowie an der gesamten wirtschaftlichen Entwicklung der produktiven Kräfte mitzuwirken." Von dem vorgesehenen dreistufigen Vertretungssystem der Arbeitnehmerschaft – 1. Betriebsarbeiterräte, 2. nach Wirtschaftsgebieten gegliederte Bezirksarbeiterräte sowie 3. ein Reichsarbeiterrat – gewann nur der Betriebsarbeiterrat praktische Relevanz. Er wurde mit dem Betriebsrätegesetz von 1920 offiziell für alle Betriebe mit mindestens 20 Beschäftigten vorgeschrieben, allerdings gegen die entschiedene Opposition der radikalen Linken von USPD und KPD. Am Tage der parlamentarischen zweiten Lesung kam es zu einer Massendemonstration Berliner Arbeiter vor dem Reichstag. Mit Maschinengewehrgarben wurde die Demonstration niedergeschlagen, mit der Bilanz von 42 Toten und über hundert Verletzten (Milert und Tschirbs 2008, S. 152). Die Linke hatte für den Betriebsrat eine maßgebliche Rolle in den unternehmerischen Aufsichts- und Leitungsorganen gefordert, aber die Gesetzesvorgaben knüpften inhaltlich an die Institution der Arbeiterausschüsse an, wenn auch mit weitergehenden Rechten. Allein das Wort „Rat" zollte dem Rätegedanken noch rhetorisch Tribut.

In der Weimarer Republik stand die Praxis der Betriebsräte unter einem ungünstigen Stern. Das in der gesetzlichen Konstruktion des Betriebsrats angelegte regulative Potenzial betrieblicher Interessenvermittlung und Problemlösung konnte sich in den wenigen, politisch wie wirtschaftlich turbulenten Jahren der Weimarer Republik nicht entfalten. Das Betriebsrätegesetz enthielt zwar eine Blaupause für kooperatives Verhalten der betrieblichen Akteure; dem standen jedoch ihre realen antagonistischen Orientierungen und sozialen Praktiken entgegen. Nicht nur die Kämpfe zwischen den Organisationen der in sich zersplitterten Arbeiterbewegung und den alten Machteliten aus Politik, Wirtschaft und Militär, sondern auch die ökonomischen und politischen Turbulenzen ließen den Akteuren wenig Zeit für produktive Lernprozesse (die Weimarer Republik währte schließlich nur 14 Jahre). Nachdem die revolutionäre Gefahr gebannt war, betrachtete die Mehrheit der Unternehmer die Betriebsräte eher als ein notwendiges Übel denn als nützliche Einrichtung zur Lösung betrieblicher Konflikte.

Nicht als vermittelnder Problemlöser, sondern als eine parteiische Institution im Kampf zwischen Kapital und Arbeit wurde der Betriebsrat von beiden Seiten wahrgenommen. Entsprechend fielen die praktischen Resultate aus. Die einzige empirisch fundierte Analyse aus dieser Zeit (Brigl-Matthiaß 1926) machte eine restriktive Gesetzesauslegung der Gerichte und die „Assimilierungs- und Paralysierungspolitik" (ebd., S. 76 ff. und 125 ff.) der Unternehmer für die beschränkte Wirksamkeit der Betriebsräte verantwortlich. Hinzu kam, dass die Gewerkschaften, entgegen den Vorschriften des Gesetzes, sie als ihre untergeordneten „Organe", als eine Art „Tarifpolizei" im Betrieb behandelten. Statt Eigenständigkeit sollten ihnen Hilfsfunktionen für die Durchführung und Überwachung von gesetzlichen und tarifvertraglichen Bestimmungen zukommen.

„Wirtschaftsdemokratie" und „Neuordnung der Wirtschaft" In der Weimarer Republik galt die betriebliche Mitbestimmung den damaligen Gewerkschaften der Sphäre sozialer Selbstverwaltung zugehörig. In ihrem 1928 verabschiedeten Programm zur „Wirtschaftsdemokratie" (Naphtali 1928/1966) wurde dem Betriebsrat bescheinigt, dass er im Gegensatz zu den Gewerkschaften *nicht* als

„Pionier einer neuen Wirtschaftsordnung" (1966, S. 163) gelten könne. Allein der *überbetrieblichen* Mitbestimmung in Wirtschaft und Wirtschaftspolitik maßen sie eine strategische Bedeutung für eine demokratische Neuordnung bei. Selbst die Mitbestimmung auf der Unternehmensebene erhielt erst nach dem Zweiten Weltkrieg die Weihe eines strategischen Hebels in der Neuordnungskonzeption der Gewerkschaften im Münchner Programm des DGB von 1949. Hier räumte man ihr – neben den beiden anderen Grundsatzforderungen: Wirtschaftsplanung und Vergesellschaftung der Schlüsselindustrien – einen gebührenden Platz ein. Nach dem Grundsatz der Gleichberechtigung von Kapital und Arbeit sollte nach Vorstellung des DGB neben dem paritätischen Mitbestimmungsrecht in Groß- und Mittelbetrieben die paritätische Arbeitnehmervertretung in den Wirtschaftskammern (Industrie- und Handelskammern) und in überregionalen, auf Landes- und Bundesebene einzurichtenden Wirtschaftsräten institutionalisiert werden. Damit wurde eine eindeutig demokratische Komponente in den Neuordnungsplan für eine „gemischte Wirtschaft", jenseits von kapitalistischer Marktwirtschaft und kommunistischer Planwirtschaft, aufgenommen.

Montanmitbestimmung und Betriebsverfassung Das Ziel, wirtschaftliche Macht in Deutschland zu kontrollieren, hatten die Alliierten unmittelbar nach dem Zweiten Weltkrieg dazu bewogen, die schwerindustriellen Industriekonglomerate an der Ruhr zu beschlagnahmen und zu entflechten. Die alliierte Kontrollbehörde für die Norddeutsche Eisen- und Stahlindustrie beauftragte eine Treuhandverwaltung mit deutscher Leitung und unter Beteiligung der Gewerkschaften mit der Durchführung dieser Aufgabe (Müller-List 1984, S. XXII f.). Mehr aus der historischen Macht- und Interessenkonstellation erwachsen als durch Gesetz oder durch Verordnung vorgeschrieben, wurden 1947 in den ersten vier neugebildeten Aktiengesellschaften der Eisen- und Stahlindustrie die Aufsichtsräte paritätisch mit Arbeitnehmervertretern (neben zwei Betriebsangehörigen drei externe Gewerkschaftsvertreter) besetzt und der Unternehmensvorstand um einen von Arbeitnehmerseite bestellten Arbeitsdirektor erweitert (Lauschke 2007, S. 28). Führende Industrielle hatten schon zuvor den Gewerkschaften freiwillig die Parität in der Leitung und Kontrolle der Unternehmen angeboten; freilich wollten sie dadurch die bevorstehende Entflechtung ihrer Konzerne verhindern (Pirker 1979, S. 160 f.). Im April 1948 war die Entflechtung der Eisen- und Stahlindustrie abgeschlossen: 23 Hüttenwerke hatten die paritätische Unternehmensmitbestimmung sowie die neue Institution des Arbeitsdirektors eingeführt. Doch war die demokratische Unternehmensverfassung zu diesem Zeitpunkt noch ein Provisorium – weder gesetzlich noch vertraglich abgesichert.

Als in der neu konstituierten Bundesrepublik die konservative Parlamentsmehrheit die paritätische Mitbestimmung abschaffen wollte, zeigte der DGB Kampfentschlossenheit. Die IG Metall und IG Bergbau führten zu deren Verteidigung

Urabstimmungen durch, deren Ergebnisse mit 96 % (Metall) und 93 % (Bergbau) eine hohe Streikbereitschaft demonstrierten (Lauschke 2007, S. 58 f.). Unter diesem Druck ließ die von Adenauer geführte Regierungskoalition ihren ursprünglichen Plan fallen. Die Montanmitbestimmung fand mit dem „Gesetz über die Mitbestimmung der Arbeitnehmer in den Aufsichtsräten und Vorständen der Unternehmen des Bergbaus und der Eisen und Stahl erzeugenden Industrie" von 1951 ihre Kodifizierung. Sie blieb indessen eine Ausnahmeregelung.

Das ein Jahr später verabschiedete Betriebsverfassungsgesetz zeigte, dass sich die Machtverhältnisse zuungunsten der Gewerkschaften geändert hatten. Denn für Kapitalgesellschaften außerhalb der Montanindustrie sah das Gesetz nur noch eine Drittelbeteiligung in den Aufsichtsräten und schon gar keinen von Arbeitnehmerseite zu bestimmenden Arbeitsdirektor vor. Trotz der Enttäuschung, die das Betriebsverfassungsgesetz den Gewerkschaften bereitete, leitete es gleichwohl eine Erfolgsgeschichte der betrieblichen Mitbestimmung ein, die vor allem dank der Gesetzesnovellierung von 1972 fortgeschrieben werden konnte.

Das novellierte Betriebsverfassungsgesetz sah erweiterte Mitbestimmungsrechte des Betriebsrats in sozialen und personellen Angelegenheiten und einen verbesserten Betriebszugang der Gewerkschaften vor. Von den Gewerkschaften begrüßt, stieß das Gesetzesvorhaben diesmal bei den Arbeitgebern auf scharfe Ablehnung. In dem von ihnen in Auftrag gegebenen Rechtsgutachten des Juristen Hans Galperin war von einer „Vergewaltigung des Unternehmers" und einer „Aushöhlung der sozialen Marktwirtschaft und ihre Ersetzung durch eine sozialistische Gesellschaftsordnung" die Rede (Galperin 1971, S. 5 f.). Nur wenige Jahre später fand indessen der Theoretiker und Namensgeber der „Sozialen Marktwirtschaft", Alfred Müller-Armack, dass das novellierte Gesetz mit dem „Stilprinzip der Sozialen Marktwirtschaft" durchaus kompatibel sei (Müller-Armack 1978, S. 13).

Von Unternehmerseite wurden die erweiterten Rechte nolens volens hingenommen, zumal ihre gegen Ende des Jahrhunderts forcierten Modernisierungsprozesse der Produktion der Kooperation mit den Betriebsräten bedurfte, sollten größere Friktionen vermieden werden. Beides trug dazu bei, den Betriebsrat zur Schlüsselinstitution im System der Mitbestimmung zu machen.

Die paritätische Unternehmensmitbestimmung, die den Gewerkschaften in einer historischen Stunde geschwächter Kapitalmacht gleichsam in den Schoß gefallen war, lernten sie erst später zu schätzen. Zur damaligen Zeit glaubten sie noch, damit nur den ersten Schritt auf dem Weg zur Demokratisierung der Wirtschaft auf der Grundlage einer gemeinwirtschaftlichen Eigentumsordnung und geplanter Volkswirtschaft getan zu haben. Indessen konnten sie mit ihr nur einen einzigen Programmpunkt ihrer Neuordnungskonzeption realisieren, und das auch nur in der Montanindustrie. Umso strahlender erschien im Verlauf der bundesrepublikanischen Geschichte deren symbolischer Wert.

Mitbestimmungsgesetz 1976 Das spätere Mitbestimmungsgesetz von 1976 mit der formal paritätischen Arbeitnehmervertretung im Aufsichtsrat, aber einem doppelten Stimmrecht für den Aufsichtsratsvorsitzenden, wurde im Bundestag mit großer Mehrheit gegen nur 22 Stimmen bei einer Enthaltung angenommen (Testorf 2017, S. 416) Den Gewerkschaften schien es nur eine verwässerte Variante, für den DGB-Vorsitzenden Heinz Oskar Vetter „die größte Enttäuschung seiner Amtszeit" (Lauschke 2006, S. 90). Aber selbst gegen dieses Gesetz reichten 29 Arbeitgebervereinigungen und neun Unternehmen Beschwerde beim Bundesverfassungsgericht ein, mit der Begründung, dass es die Eigentumsgarantie des Grundgesetzes verletze. Mit dem Hinweis auf das mit dem doppelten Stimmrecht des Aufsichtsratsvorsitzenden gegebene „Übergewicht, welches das Gesetz der Anteilseignerseite einräumt" (BVerfG, Urteil vom 01.03.1979 [https://openjur.de/u/177323.html]), wurde die Beschwerde jedoch abgewiesen.

In den Nullerjahren geriet die Unternehmensmitbestimmung erneut in den Fokus politischer Auseinandersetzungen. Der Präsident des Bundesverbands der Deutschen Industrie (BDI), Michael Rogowski, bezeichnete sie in deren Verlauf gar als einen „Irrtum der Geschichte" (Interview mit dem „Stern" vom 12.10.2004). Unter Hinweis auf europäische Harmonisierungsbemühungen wurden von Unternehmerverbänden und konservativen Arbeitsrechtlern Reformen verlangt. Sie forderten flexible Verhandlungslösungen, die die quasi-paritätische Mitbestimmung verhandelbar machen und, im Nichteinigungsfall, auf eine Drittelbeteiligung mit verkleinertem Aufsichtsrat zurückführen sollten. Die Gewerkschaften sahen sich herausgefordert, das anfänglich „ungeliebte Kind" zu verteidigen – mit vorläufigem Erfolg.

∗∗∗

Als Fazit aus der über hundertjährigen Geschichte der Mitbestimmungsinstitutionen ist die einer folgerichtigen *Pfadabhängigkeit* zu konstatieren: Seit ihren Anfängen manifestierte und entwickelte sich die deutsche Mitbestimmung in staatsgestützten, verrechtlichten Formen, mit einer von gewerkschaftlichen Kanälen der Interessenrepräsentation formal weitgehend unabhängigen Praxis und einer für *intermediäre Institutionen*[1] charakteristischen doppelten Loyalität gegenüber Arbeitnehmer und Arbeitgeber.

---

[1]Prototypisch für eine „intermediäre Institution" im hier verstandenen Sinne ist der Betriebsrat; ihm obliegt die Vermittlung pluraler, oft gegensätzlicher Interessen; so verlangt z. B. § 2, Abs. 1 BetrVG eine Zusammenarbeit mit dem Arbeitgeber „zum Wohl der Arbeitnehmer und des Betriebs".

Rechtliche Grundlagen der geltenden Mitbestimmung

3

Das deutsche System der Mitbestimmung ist eine komplizierte Rechtsdomäne. Allein drei Gesetze regeln die Mitbestimmung in Unternehmen durch Arbeitnehmervertreter im Aufsichtsrat, eines regelt die Mitbestimmung in Betrieben privatwirtschaftlichen Rechts durch den Betriebsrat. Nicht genug damit, regeln gesonderte Personalvertretungsgesetze des Bundes und der Länder die Mitbestimmung in öffentlichen Verwaltungen und Behörden. Mehrere dieser Gesetze waren Gegenstand zum Teil erbitterter politischer Auseinandersetzungen (wie dem vorstehenden historischen Abriss zu entnehmen ist).

Betriebsverfassungsgesetz Wichtigster Akteur des Betriebsverfassungsgesetzes (BetrVG) ist der Betriebsrat.

Vier Charakteristika zeichnen die Institution des Betriebsrats aus:

1. Er repräsentiert alle Beschäftigten, nicht nur die Gewerkschaftsmitglieder unter ihnen.
2. Er ist ein Repräsentativorgan, auf das die Beschäftigten allein durch den (alle vier Jahre stattfindenden) Wahlakt, und auch dann nur in personeller Hinsicht Einfluss nehmen können.
3. Er unterliegt einer absoluten Friedenspflicht, verfügt folglich nicht über das Streikrecht; seine Handlungsbasis wird bestimmt durch Vertrauen, Frieden und Diskretion (Däubler 2006, S. 498).
4. Das Verfahren der Mitbestimmung ähnelt mehr dem der gemeinsamen Problemlösung als dem des harten Verhandelns; erleichtert wird dies durch die „Auslagerung" des Lohnkonflikts; denn Lohnfragen fallen in die Zuständigkeit der Gewerkschaften als Tarifvertragspartei.

© Springer Fachmedien Wiesbaden GmbH, ein Teil von Springer Nature 2019
W. Müller-Jentsch, *Mitbestimmung, essentials*,
https://doi.org/10.1007/978-3-658-24174-2_3

Die Zahl der Betriebsratsmitglieder richtet sich nach der Zahl der Arbeitnehmer im Betrieb: bei 5 bis 20 Beschäftigten: 1 Mitglied, bei 21 bis 50: 3, bei 51 bis 100: 5, bei 101 bis 200: 7, bei 201 bis 400: 9 Mitglieder usw. (§ 9). Völlige Freistellung von der beruflichen Tätigkeit sieht das Gesetz für eine mit der Größe des Betriebes wachsende Zahl von Betriebsratsmitgliedern vor. Die erste Freistellung erfolgt bei einer Betriebsgröße ab 200 Beschäftigten; jeweils eine weitere Freistellung erfolgt zunächst in Schritten von etwa je 500, dann (ab einer Betriebsgröße von 2001 Beschäftigten) von je 1000 zusätzlich Beschäftigten (§ 38).

Der Handlungsrahmen und die übergreifende Zielorientierung des Betriebsrats werden in den §§ 2 und 74 des BetrVG wie folgt festgelegt:

Arbeitgeber und Betriebsrat arbeiten unter Beachtung der geltenden Tarifverträge vertrauensvoll und im Zusammenwirken mit der im Betrieb vertretenen Gewerkschaften und Arbeitgebervereinigungen zum Wohl der Arbeitnehmer und des Betriebs zusammen (§ 2 Abs. 1).

Arbeitgeber und Betriebsrat (…) haben über strittige Fragen mit dem ersten Willen zur Einigung zu verhandeln (§ 74 Abs. 1).

Maßnahmen des Arbeitskampfes zwischen Arbeitgeber und Betriebsrat sind unzulässig. (§ 74 Abs. 2 Satz 1).

Der Betriebsrat ist primär auf Konsens und Kooperation angelegt. Bei Auftreten innerbetrieblicher Konflikte zwischen Management und Betriebsrat sieht das Gesetz eine betriebliche Zwangsschlichtung durch die *Einigungsstelle* vor, die paritätisch besetzt ist, einen unparteiischen Vorsitzenden hat und deren Spruch die Einigung zwischen den beiden Parteien ersetzt (§ 76). In allen Fällen, in denen ein erzwingbares Mitbestimmungsrecht des Betriebsrats besteht und keine Einigung zwischen Management und Betriebsrat zustande kommt, kann die Einigungsstelle auf Antrag einer Seite tätig werden, ansonsten nur auf Antrag beider Seiten. Eine weitere Institution der externen Konfliktlösung findet der Betriebsrat im Arbeitsgericht, das er bei Rechtsstreitigkeiten (z. B. über betriebsverfassungsrechtliche Fragen) anrufen kann.

Einigungen zwischen Management und Belegschaft werden in der Regel schriftlich in *Betriebsvereinbarungen* niedergelegt (§ 77 Abs. 2). Neben der Betriebsvereinbarung, die in ihrer rechtlichen Geltung einem „Tarifvertrag im Kleinformat" (Däubler 2006, S. 594) entspricht, können Einigungen auch formlos als *Betriebsabsprache* getroffen werden.

Vorgeschrieben ist der Betriebsrat für Betriebe mit fünf und mehr Beschäftigten. In den Verwaltungen und Behörden des öffentlichen Dienstes, ebenfalls mit fünf und mehr Beschäftigten, sehen die Personalvertretungsgesetze die Wahl von Personalräten vor, deren Rechte etwas schwächer ausfallen als die der Betriebsräte.

Zu den allgemeinen – im § 80 aufgelisteten – Aufgaben des Betriebsrats gehören die *Kontrolle* (über die Einhaltung der die Arbeitnehmer schützenden und begünstigenden Rechts- und Tarifnormen), die *Initiative* gegenüber dem Arbeitgeber (zwecks Beantragung von Maßnahmen und Weiterleitung von Anregungen aus der Belegschaft), die *Fürsorge* für schutzbedürftige Gruppen (schwerbehinderte, ältere und ausländische Arbeitnehmer) und die *Förderung* der „tatsächlichen Gleichstellung von Frauen und Männern". Die laut Gesetz im vierteljährlichen Turnus stattfindenden Betriebsversammlungen können den Betriebsräten zwar Anträge unterbreiten und zu ihren Beschlüssen Stellung nehmen (§ 45), freilich ohne diese dadurch zu binden.

Im Wesentlichen sind es die Beteiligungsrechte, die den Betriebsrat zur Mitbestimmung und Mitwirkung des betrieblichen Geschehens autorisieren. Sie lassen sich nach zwei Dimensionen hin auffächern. In der Dimension der Sachbereiche handelt es sich um soziale, personelle und wirtschaftliche Angelegenheiten. Nach der Intensität der Teilhabe lassen sich a) Informationsrechte, b) Anhörungsrechte und Beratungsrechte, c) Widerspruchsrechte und d) erzwingbare Mitbestimmungsrechte unterscheiden (siehe Abb. 3.1).

Erzwingbare Mitbestimmungsrechte werden dem Betriebsrat in *sozialen* Angelegenheiten eingeräumt. Der § 87, der als das „Herzstück der Betriebsverfassung" gilt, spezifiziert 13 Fallgruppen, unter ihnen:

• die Festlegung von Entlohnungsgrundsätzen, insbesondere die Anwendung neuer Entlohnungsmethoden;
• die Festsetzung leistungsbezogener Entgelte (Akkord- und Prämiensätze);
• die Regelung der geltenden Arbeitszeiten einschl. Pausen;
• die Anordnung von Überstunden und Kurzarbeit;
• die Aufstellung allgemeiner Urlaubsgrundsätze und des Urlaubsplans;
• die Einführung und Anwendung von technischen Einrichtungen, die das Verhalten oder die Leistung der Arbeitnehmer überwachen sollen;
• Grundsätze über das betriebliche Vorschlagswesen;
• Grundsätze über die Durchführung von Gruppenarbeit.

Bei *personellen* Angelegenheiten bestehen echte Mitbestimmungsrechte bei der Erstellung von Personalfragebögen (§ 94) und der Aufstellung von allgemeinen Auswahlrichtlinien für Einstellungen, Versetzungen, Umgruppierungen und Kündigungen (§ 95). Bei den personellen Einzelmaßnahmen der Einstellung, Eingruppierung,

Gegenstand Intensität	Soziale Angelegenheiten	Personelle Angelegenheiten	Wirtschaftliche Angelegenheiten
	§ 87: Beginn u. Ende der tgl. Arbeitszeit; Urlaubsgrundsätze/ Urlaubsplan; Lohngestaltung; Akkord- und Prämiensätze; Gruppenarbeit	§ 94: Personalfragebogen § 95: Auswahlrichtlinien	§ 112: Sozialplan
erzwingbare Mitbestimmungs-rechte	§ 91: menschengerechte Gestaltung der Arbeit (nach „gesicherten arbeitswissenschaft-lichen Erkenntnissen")	§ 98: Betriebliche Bildungsmaßnahmen	
Widerspruchsrechte		§ 99: Einstellung/Eingruppierung/Umgruppierung/ Versetzung § 102: Kündigung	
Mitwirkungs- (Informations-, Anhörungs-, Beratungs-)rechte	§ 89: Arbeitsschutz/ Unfallverhütung	§ 92: Unterrichtung u. Beratung über Personalplanung § 102: Anhörung vor Kündigungen	§ 90: Unterrichtung über Planung/ Beratung über Auswirkungen von: Neu-, Um- und Erweiterungsbauten; techn. Anlagen; Arbeitsverfahren/ Arbeitsabläufe, Arbeitsplätze § 106: Wirtschaftsausschuss § 111: Unterrichtung über Betriebsänderungen

Abb. 3.1 Beteiligungsrechte des Betriebsrats. (Quelle: Müller-Jentsch 2017, S. 51)

Umgruppierung und Versetzung hat der Betriebsrat indessen nur ein Veto-Recht (§ 99). Verweigert der Betriebsrat seine Zustimmung, so bleibt die entsprechende Maßnahme des Arbeitgebers bis zur evtl. Entscheidung des Arbeitsgerichtes unwirksam. Im Falle von Kündigungen hat der Betriebsrat nur ein Anhörungsrecht; widersprechen kann er nur, wenn der Arbeitgeber gegen bestimmte, im Gesetz spezifizierte Grundsätze verstößt (§ 102).

Bei der *Gestaltung von Arbeitsplatz, Arbeitsablauf und Arbeitsumgebung* stehen dem Betriebsrat allein Unterrichtungs- und Beratungsrechte zu (§ 90); ein Mitbestimmungsrecht ergibt sich erst, wenn durch die Änderungen „die den gesicherten arbeitswissenschaftlichen Erkenntnissen über die menschengerechte Gestaltung der Arbeit offensichtlich widersprechende" Belastungen für die Arbeitnehmer auftreten (§ 91).

Hinsichtlich der *wirtschaftlichen* Entscheidungen stehen dem Betriebsrat nur noch Informationsrechte zu. So hat der Unternehmer den in Betrieben von über 100 ständig beschäftigten Arbeitnehmern – als eigenständiges Organ oder Ausschuss des Betriebsrates – zu bildenden Wirtschaftsausschuss „rechtzeitig und umfassend über die wirtschaftlichen Angelegenheiten des Unternehmens" zu unterrichten (§ 106). Ebenfalls zu unterrichten ist der Betriebsrat bei Betriebsänderungen, „die wesentliche Nachteile für die Belegschaft" zur Folge haben können (§ 111). Allein über den Ausgleich oder die Milderung der wirtschaftlichen Nachteile, die den Arbeitnehmern entstehen, hat der Betriebsrat insofern ein Mitbestimmungsrecht, als er einen Sozialplan erzwingen kann (§ 112).

Mit der Änderung des Betriebsverfassungsgesetzes 1988 wurden die Unterrichtungs- und Beratungsrechte des Betriebsrats über die Planung neuer technischer Anlagen, Arbeitsverfahren und Arbeitsabläufe verbessert (§ 90). Der Arbeitgeber muss den Betriebsrat über seine Planungen rechtzeitig unterrichten und ihm die erforderlichen Unterlagen vorlegen; außerdem muss er mit ihm über die sich daraus ergebenden Auswirkungen für die Arbeitnehmer so rechtzeitig beraten, dass Vorschläge und Bedenken des Betriebsrates bei der Planung berücksichtigt werden können.

Auch die Unterrichtungs- und Erörterungspflicht des Arbeitgebers gegenüber potenziell betroffenen Arbeitnehmern ist verstärkt worden (§ 81). Demnach hat der Arbeitgeber, „sobald feststeht, dass sich die Tätigkeit des Arbeitnehmers ändern wird und seine beruflichen Kenntnisse und Fähigkeiten zur Erfüllung seiner Aufgaben nicht ausreichen, [...] mit dem Arbeitnehmer zu erörtern, wie dessen berufliche Kenntnisse und Fähigkeiten [...] den künftigen Anforderungen angepasst werden können." Bei der Erörterung kann der Arbeitnehmer ein Mitglied des Betriebsrates hinzuziehen.

Die erneute Novellierung von 2001 brachte nur moderate Verbesserungen der Mitbestimmungsrechte. Bedeutsamer sind die neuen Regelungen, die eine Erleichterung der Wahl von Betriebsräten, eine Erhöhung der Betriebsratsmandate (z. B. 7 Mitglieder bei 101–200, bisher bei 151–300 Beschäftigten) und der Freistellungen (erste Freistellung ab 200, bisher ab 300 Beschäftigten) sowie die Einbeziehung von Randbelegschaften und Minderheiten vorsehen. Weitere Regelungen tragen zur Verbesserung der Arbeitsmöglichkeiten des Betriebsrats bei und erhöhen die direkten Einflusschancen von Arbeitnehmern. Eine echte Erweiterung der Mitbestimmungsrechte stellt die Mitbestimmung über Grundsätze der „Durchführung von Gruppenarbeit" dar. Wenn auch Stärkung und Erweiterung der Mitbestimmungsrechte mit dieser Novellierung weit hinter der von 1972 zurückblieben, so manifestiert sich in ihr immerhin eine Gegentendenz zur verbreiteten Deregulierung und dem Abbau des „rheinischen Modells" des Sozialstaats.

Als generelle Tendenz des Betriebsverfassungsgesetzes wird erkennbar, dass die Beteiligungsrechte in *sozialen* Fragen am stärksten, bei *personellen* Angelegenheiten bereits abgeschwächt greifen und in *wirtschaftlichen* Fragen sich auf reine Informationsrechte beschränken. Mit anderen Worten, die Eingriffsmöglichkeiten und Beteiligungsrechte des Betriebsrates sind umso größer, je weiter sie von den strategischen Unternehmensentscheidungen (z. B. über Ziele und Inhalte der Produktion) entfernt sind. Gleichwohl kann ein erfahrener Betriebsrat seine starken Mitbestimmungsrechte (etwa bei der Entscheidung über Überstunden) dazu nutzen, um Konzessionen des Managements in anderen Fragen zu erlangen. In dem rechtlichen Gefälle zeigt sich, dass der Betriebsrat als ein Organ des Interessenausgleichs zwischen Management und Belegschaft zu verstehen ist und seine Rechte die betriebliche Herrschaft zwar begrenzen, aber grundsätzlich nicht infrage stellen.

Unternehmensmitbestimmung Die deutsche Unternehmensmitbestimmung existiert in drei verschiedenen Formen:

- *Paritätische* Mitbestimmung in der Montanindustrie nach dem „Gesetz über die Mitbestimmung der Arbeitnehmer in den Aufsichtsräten und Vorständen der Unternehmen des Bergbaues und der Eisen und Stahl erzeugenden Industrie" mit mehr als 1000 Beschäftigten von 1951;
- *formal paritätische* Mitbestimmung in den großen Kapitalgesellschaften der übrigen Wirtschaft mit über 2000 Beschäftigten nach dem „Mitbestimmungsgesetz" von 1976;
- die in den Aufsichtsräten der Kapitalgesellschaften mit 500 bis 2000 Beschäftigten auf ein Drittel der Sitze begrenzte Mitbestimmung nach dem „Drittelbeteiligungsgesetz" von 2004 (bis dahin hatten die entsprechenden Paragrafen des Betriebsverfassungsgesetzes von 1952 weitergegolten).

Herzstück der *Montanmitbestimmung*[1] ist die paritätische Vertretung von Anteilseignern und Arbeitnehmern im Aufsichtsrat. In der Regel handelt es sich um fünf Mitglieder jeder Seite; hinzu kommt ein weiteres „neutrales Mitglied", auf das sich beide Seiten einigen müssen. Bei größeren Montanunternehmen kann der Aufsichtsrat statt der 11 auch 15 bzw. 21 Mitglieder haben. Zwei der fünf Arbeitnehmervertreter werden von den Betriebsräten vorgeschlagen: je einer aus der Gruppe der Arbeiter und aus der Gruppe der Angestellten. Gegen den Vorschlag der Betriebsräte können die Gewerkschaften begründeten Einspruch einlegen (ein Recht, das bislang praktisch ohne Belang blieb). Ebenfalls zwei Mitglieder benennen die Spitzenorganisationen der im Betrieb vertretenen Gewerkschaften (in der Regel DGB) nach vorheriger Beratung mit den im Betrieb vertretenen Gewerkschaften und den Betriebsräten. Schließlich kommt ein ebenfalls von den Spitzenorganisationen der Gewerkschaften vorzuschlagendes weiteres Mitglied hinzu, das weder Betriebsmitglied noch von den Gewerkschaften abhängig sein darf. Auch der Arbeitgeberseite gehört ein solches weiteres Mitglied an. Diese beiden „weiteren Mitglieder" sowie das elfte, d. h. das gemeinsam bestimmte „neutrale Mitglied" sollen die unternehmensexterne Öffentlichkeit repräsentieren. Sämtliche benannten und vorgeschlagenen Aufsichtsratsmitglieder werden von der Hauptversammlung der Aktionäre gewählt, die jedoch an die Vorschläge der Betriebsräte und Gewerkschaften gebunden ist. Nach einer verbreiteten Praxis wird der Aufsichtsratsvorsitzende in der Regel von der Anteilseignerseite gestellt, das „neutrale Mitglied" hingegen von Arbeitnehmerseite vorgeschlagen.

Des Weiteren sieht die Montanmitbestimmung im Unternehmensvorstand einen für das Personal- und Sozialwesen zuständigen *Arbeitsdirektor* als gleichberechtigtes Mitglied vor. Er kann nicht gegen die Stimmen der Mehrheit der Arbeitnehmervertreter im Aufsichtsrat gewählt oder abberufen werden.

Das *Mitbestimmungsgesetz von 1976* schreibt eine numerische Parität (auch: Quasi-Parität) zwischen den Vertretern von Kapital und Arbeit vor, aber die Arbeitnehmerseite ist im Aufsichtsrat faktisch unterrepräsentiert, und zwar aufgrund zweier Regelungen: erstens hat der gewöhnlich von der Kapitalseite gestellte Aufsichtsratsvorsitzende ein doppeltes Stimmrecht in Pattsituationen und zweitens sitzt auf der Arbeitnehmerbank mindestens ein Vertreter der leitenden Angestellten, die grosso modo dem Management zuzurechnen sind.

---

[1]Nicht eingegangen wird hier auf die diversen Ergänzungs-, Sicherungs- und Fortgeltungsgesetze der Montanmitbestimmung, die etwas andere Wahlmodi als das ursprüngliche Gesetz vorschreiben.

Der Aufsichtsrat besteht, je nach Größe, aus 12, 16 oder 20 Mitgliedern. Für die im Unternehmen vertretenen Gewerkschaften werden 2 bzw. 3 Sitze (bei einem 20-köpfigen Aufsichtsrat) reserviert. Die restlichen Sitze werden auf die Arbeiter, Angestellten und leitenden Angestellten nach ihrem Anteil im Unternehmen verteilt, wobei mindestens 1 Sitz auf jede Gruppe entfällt. Die Arbeitnehmervertreter werden entweder durch eine Urwahl (in Unternehmen bis 8000 Beschäftigten) oder durch ein Wahlmänner-Gremium (über 8000 Beschäftigte) gewählt. Als gleichberechtigtes Vorstandsmitglied wird der Arbeitsdirektor, wie die übrigen Vorstandsmitglieder, von einer Zwei-Drittel-Mehrheit der Aufsichtsratsmitglieder bestellt.

Wird die Wirksamkeit der Unternehmensmitbestimmung von 1976 von den Gewerkschaften schon als begrenzt eingeschätzt, dann können sie in der dritten und schwächsten Form der Mitbestimmung, die nur ein Drittel der Aufsichtsratssitze für die Arbeitnehmervertreter vorsieht, eigentlich nur noch geringen Einfluss geltend machen.

Die Praxis der Mitbestimmung

4

Der rechtliche Rahmen der Mitbestimmungsinstitutionen steckt die Grenzen ihrer Praxis ab. Empirische Untersuchungen zeigen indes, dass in der Rechtswirklichkeit nicht nur ihre Praxisformen enorm variieren, sondern selbst ihre faktische Existenz nicht durch die rechtliche Normierung gesichert ist.

Mitbestimmung im Betrieb Im § 1 BetrVG heißt es lapidar:

> In Betrieben mit in der Regel mindestens fünf ständigen wahlberechtigten Arbeitnehmern, von denen drei wählbar sind, werden Betriebsräte gewählt.

Es besteht keine gesetzliche Verpflichtung, Betriebsräte zu wählen. Ihre Wahl hängt vielmehr von der Initiative der Arbeitnehmer ab. Der Arbeitgeber darf indessen die Wahl nicht verhindern oder behindern. Tatsächlich verfügt nur ein kleiner Teil der wählbaren Betriebe über einen Betriebsrat. Die repräsentativen Erhebungen im Rahmen des vom Institut für Arbeits- und Berufsforschung (IAB) durchgeführten Betriebspanels zu verdankenden Daten über die Verbreitung von Betriebsräten zeigen, dass es vor allem in zahlreichen kleineren und mittleren Betrieben, trotz der gesetzlichen Vorkehrungen keinen Betriebsrat gibt (siehe Tab. 4.1).

Insbesondere in Betrieben mit unter 100 Beschäftigten, in denen über die Hälfte aller abhängig Beschäftigten arbeiten, ist eine betriebliche Interessenvertretung häufig nicht vorhanden. Am krassesten trifft dies für Betriebe der Größenordnung von 5 bis 50 Beschäftigten zu; in dieser Klasse haben nur 5 % der Betriebe mit 9 % der Beschäftigten einen Betriebsrat. Von den Betrieben mit 51 bis 100 Beschäftigen verfügt ein Drittel über einen Betriebsrat.

© Springer Fachmedien Wiesbaden GmbH, ein Teil von Springer Nature 2019
W. Müller-Jentsch, *Mitbestimmung, essentials,*
https://doi.org/10.1007/978-3-658-24174-2_4

Tab 4.1 Verbreitung von Betriebsräten nach Betriebsgröße, 2017

Einen Betriebsrat haben …

	% der betriebsratsfähigen Betriebe		% der Beschäftigten in diesen Betrieben	
	West-D	Ost-D	West-D	Ost-D
Betriebe mit …. Beschäftigten				
5 oder mehr	9	9	40	33
21 oder mehr	27	27	53	46
51 oder mehr	45	41	64	56
501 oder mehr	79	92	85	90

Basis: privatwirtschaftliche Betriebe mit mindestens 5 Beschäftigten ohne Landwirtschaft
Quelle: IAB Betriebspanel 2017, Ellguth und Kohaut 2018 sowie schriftliche Auskunft

Erklärt werden diese niedrigen Quoten häufig damit, dass in kleinen Betrieben die Beziehungen zwischen Beschäftigten und Chef noch persönlich, teils auch patriarchalisch, geprägt seien. Erst in größeren Betrieben, in denen unpersönliche Beziehungen und bürokratische Verfahren vorherrschen, steige die Wahrscheinlichkeit, dass ein Betriebsrat gewählt wird. Aber auch dann muss er nicht selten gegen den Widerstand der Betriebsleitung durchgesetzt werden. Wie voraussetzungsvoll der Prozess zur Gründung eines vertretungswirksamen Betriebsrates ist, dokumentiert eine der wenigen empirischen Untersuchungen (Artus et al. 2015). Sie zeigt, dass von den vielen Klippen, die engagierte Arbeitnehmer bei der Gründung zu überwinden haben, der Widerstand des Arbeitgebers zwar die bedeutendste, aber nicht die einzige ist. Selten gelingt die Gründung eines Betriebsrats ohne die aktive Unterstützung von Gewerkschaften.

Dass Arbeitnehmer den Betriebsräten ein großes Interesse entgegenbringen, dokumentiert ihre hohe Beteiligung an den Betriebsratswahlen: 2014 betrug sie 76,9 % und lag damit noch über der Wahlbeteiligung an der Bundestagswahl (Greifenstein et al. 2017, S. 25). Nicht nur die hohe Wahlbeteiligung, sondern auch die Tatsache, dass etwa zwei Drittel der Betriebsräte sich erneut zur Wahl stellen und wiedergewählt werden, zeigt eine feste Verankerung der betrieblichen Mitbestimmung in den Belegschaften.

Als eine von den Gewerkschaften unabhängige Institution, steht der Betriebsrat gleichwohl in einer symbiotischen Beziehung zu ihnen. Auf der einen Seite finden die Betriebsräte in den Gewerkschaften Unterstützung, Beratung und Schulung, die sie für ihre Tätigkeit benötigen, auf der anderen Seite sind die Betriebsräte eine der wichtigsten Quellen zur Werbung und Bindung von Gewerkschaftsmitgliedern. Diese Funktion macht sie für die Gewerkschaften unentbehrlich und verschafft ihnen eine relativ eigenständige Machtposition gegenüber dem hauptamtlichen Gewerkschaftsapparat, die indessen dadurch wiederum relativiert wird, dass ihre Wiederwahl häufig über Gewerkschaftslisten erfolgt. Auch die gewerkschaftliche Präsenz im Betrieb hängt entscheidend von den Betriebsräten ab, weil sie die Handlungsspielräume der gewerkschaftlichen Vertrauensleute und die betrieblichen Zugangsmöglichkeiten von Gewerkschaftsvertretern positiv wie negativ beeinflussen können. Aufgrund dieser wechselseitigen Interessenlage lernten die Gewerkschaften, eine Betriebsvertretung zu akzeptieren, die nicht integrierter Teil ihrer Organisation ist und ihre eigene Wählerbasis hat. Sie lernten, mit dieser Institution zu kooperieren und sie für ihre eigenen Ziele zu nutzen. Diese Symbiose erklärt den hohen Anteil gewerkschaftlich organisierter Betriebsräte: Etwa zwei Drittel der Betriebsräte sind Mitglied einer DGB-Gewerkschaft (Greifenstein et al. 2017, S. 52).

In den Betrieben, in denen Betriebsräte gewählt wurden, existieren sehr verschiedenartige Praxisformen. Seit den 1980er Jahren haben Sozialforscher mit Typologien das breite Spektrum der Betriebsräte von Kümmerexistenzen bis zu professionellen Co-Managern ausdifferenziert. Der Soziologe Hermann Kotthoff hat als einer der ersten eine solche Typologie erstellt (Kotthoff 1981 und 1994). Er unterschied zwischen sieben verschiedenen Formen der betrieblichen Interessenvertretung:

1. Ignorierter Betriebsrat,
2. Isolierter Betriebsrat,
3. Betriebsrat als Organ der Geschäftsleitung,
4. Standfester Betriebsrat.
5. Betriebsrat als konsolidierte Ordnungsmacht,
6. Betriebsrat als aggressive Gegenmacht,
7. Betriebsrat als kooperative Gegenmacht (Kotthoff 1994, S. 339).

Die Typen 1–3 zählte Kotthoff zur Gruppe der unzulänglichen und defizitären Interessenvertretung, die Typen 4–7 zur Gruppe der effektiven Interessenvertretung.

Wichtige Faktoren für die Durchsetzungsfähigkeit und den Grad der Professionalität des Betriebsrats sind die Größe des Betriebes, das Rollenverständnis des Betriebsrats sowie die Einstellung der Geschäftsleitung. In größeren Betrieben stehen den Betriebsräten umfangreichere Ressourcen zur Verfügung und gibt es freigestellte Betriebsratsmitglieder, die ihre gesamte Arbeitszeit dem Amt widmen können. Rollenverständnis und Einstellungen der Betriebsparteien bedingen sich oft gegenseitig. Entgegenkommende Arbeitgeber werden auf der Gegenseite eher kooperatives Verhalten hervorrufen als feindselig eingestellte, und umgekehrt können Betriebsräte mit klassenkämpferischem Impetus kaum Kooperation der Geschäftsleitung erwarten. Das betriebliche Interaktionsverhältnis zwischen Betriebsrat und Management bildet sich im Mit- und Gegeneinander heraus und kann sich als eine betriebliche „Sozialordnung" verfestigten.

Andere Sozialforscher haben unterschiedliche Typologien entwickelt. Eine einfache Vierertypologie hat der Verfasser dieser Schrift vorgelegt:

1. Konventioneller Betriebsrat,
2. Engagierter Betriebsrat,
3. Ambitionierter Betriebsrat,
4. Co-Manager (Müller-Jentsch und Seitz 1998).

In dieser Typologie spiegelt sich das Selbstverständnis des Betriebsrats über seinen Aufgabenbereich, der von traditionellen Zuständigkeiten bis zur aktiven Gestaltung von Arbeitsorganisation und Arbeitszeit reichen kann.

Wichtige Informationen über die Praxis der Betriebsräte liefern die seit fast 20 Jahren vom Wirtschafts- und Sozialwissenschaftlichen Institut (WSI) in der Hans-Böckler-Stiftung turnusmäßig durchgeführten Betriebsrätebefragungen (vgl. zuletzt Baumann 2015; Baumann et al. 2018). Eine Auswertung der abgeschlossenen Betriebsvereinbarungen listet 31 Themenbereiche auf, die häufigsten davon: Arbeitszeit, Datenschutz, Urlaubsregelungen, Arbeitsschutz und Gesundheitsförderung sowie Weiterbildung und Qualifizierung (Baumann et al. 2018, S. 321).

Obwohl die Mitbestimmung als demokratische Institution einen Eigenwert besitzt, haben Ökonomen sie wiederholt auf ihre wirtschaftlichen Effekte überprüft. Ökonometrische Analysen ergaben in ihrer Mehrzahl signifikant positive Effekte für eine Reihe von Indikatoren, vornehmlich für die Produktivität und die Beschäftigtenbindung (Jirjahn 2010).

Andere, mehr qualitativ ausgerichtete Untersuchungen befassen sich mit dem Verhältnis zwischen Betriebsrat und Management. Sie zeigen, dass in vielen Unternehmen die Betriebsräte maßgeblich an den Rationalisierungs- und

Restrukturierungsprozessen des Managements beteiligt waren, nicht selten in einer Form, die über gesetzliche Mitbestimmungsrechte hinausgehen. Die Untersuchungen konstatieren einen tiefgreifenden Wandel der Verhandlungsbeziehungen und der „Interaktionskultur" zwischen den betrieblichen Akteuren in den letzten Jahrzehnten (Bosch 1997; Bosch et al. 1999). Die veränderten Beziehungen werden umschrieben mit den Topoi: Versachlichung, Rationalität und Professionalisierung; sie basieren auf dem Konsens über betriebswirtschaftliche Erfordernisse und der Reziprozität von Zugeständnissen und Gegenleistungen.

Zugenommen haben die Formen und Gegenstände dezentraler Aushandlungen. Mit zahlreichen tariflichen Vereinbarungen über Öffnungsklauseln[1] und Regelungskorridore haben die Tarifparteien, Gewerkschaften und Arbeitgeberverbände, den Betriebsparteien die Möglichkeit eingeräumt, flexible betriebliche Vereinbarungen, z. B. über variierende tägliche und wöchentliche Arbeitszeit, abzuschließen, die eine Entkoppelung von Betriebs- und Maschinenlaufzeiten erlauben. Vereinbart wurden des Weiteren in großer Zahl und Variation Beschäftigungssicherungsabkommen (Arbeitszeitverkürzung ohne Lohnausgleich mit temporärer Arbeitsplatzgarantie) und Standortvereinbarungen zur Sicherung von Wettbewerbsfähigkeit und Beschäftigung an einem gegebenen Standort (z. B. Zusicherung des Betriebsrats, die Strategien des Managements zur Kosteneinsparung und/oder Produktivitätssteigerung aktiv zu unterstützen). Selbst einschneidende Krisenmaßnahmen, die den Abbau gewohnter Besitzstände verlangen, wurden „in schweren Zeiten" als „zumutbarer Arbeitnehmerbeitrag" zur Unternehmenssanierung von den Betriebsräten mitgetragen (Kotthoff 1998).

Unter dem Terminus betriebliche „Bündnisse für Arbeit" fanden derartige Vereinbarungen seit Ende der 1990er Jahren in 20 bis 30 % der deutschen Unternehmen Verbreitung (Massa-Wirth und Seifert 2004, S. 249). Da sie mit der Unternehmensgröße korrelieren, sind sie von fast der Hälfte der Großunternehmen abgeschlossen worden. Die „Bündnisse für Arbeit" haben das Aufgabenspektrum

---

[1]„Öffnungsklauseln finden ihre gesetzliche Grundlage in § 4 Abs. 3 des Tarifvertragsgesetzes, nach dem vom Tarifvertrag abweichende Abmachungen nur zulässig sind, ‚soweit sie durch den Tarifvertrag gestattet sind…'. Mit der expliziten Vereinbarung von Öffnungsklauseln im Tarifvertrag verzichten die Tarifparteien auf die zwingende Wirkung ihrer tariflichen Mindestbedingungen und geben in einem von ihnen selbst gezogenen Rahmen Abweichungen von diesen Normen zu Lasten der betroffenen Arbeitsverhältnisse frei" (Kohaut und Schnabel 2006, S. 6 f.).

der Betriebsräte wesentlich erweitert und ihnen mehr und mehr tarifpolitische Kompetenzen übertragen. Die damit beabsichtigte Flexibilisierung des Tarifvertragssystems unterläuft mit noch nicht absehbaren Konsequenzen die bewährte Arbeitsteilung zwischen gewerkschaftlicher Tarifpolitik und betrieblicher Mitbestimmung.

Von den Betriebsräten wird die Gewichtsverlagerung kollektiver Regelungen hin zum Betrieb zwiespältig beurteilt; denn neben einer tendenziellen Überforderung birgt sie die Gefahr der Erpressbarkeit (Rehder 2006). Erpressbar werden Betriebsräte dann, wenn Unternehmensleitungen mit Arbeitsplatzabbau oder Produktionsverlagerung drohen, um Zugeständnisse in Form untertariflicher Leistungen zu erreichen. Da Betriebsräte ihren Wählern, den Betriebsangehörigen, verpflichtet sind, müssen sie deren – häufig von Ängsten diktierten – Erwartungen nachkommen. In solchen Fällen kann es für den Betriebsrat ein rettender Anker sein, wenn er an tarifvertragliche Regelungen gebunden ist und sie nicht aushebeln darf. Auf diesen Anker kann er sich immer weniger verlassen, wenn die Tarifverträge zu viele Abweichungen erlauben – ganz zu schweigen vom offenen Bruch es Tarifvertrages.

Ihre aktive Einbeziehung in Prozesse der „kooperativen Modernisierung" (Bertelsmann Stiftung und Hans-Böckler-Stiftung 1998, S. 71) von Unternehmen macht Betriebsräte tendenziell zu *Co-Managern,* welche auf diese Weise zwar ihre Beteiligungsparameter erweitern (vor allem in wirtschaftlichen Fragen, für die das Betriebsverfassungsgesetz in der Regel nur Informationsrechte vorsieht), aber ihren Vertretungsauftrag durch die Beschäftigten unter Umständen gefährden (Kotthoff 2013, S. 328). Professionalität und Selbstbewusstsein sind – neben dem Vertrauen der Beschäftigten in ihre Interessenvertreter – die unabdingbaren Voraussetzungen eines (durchaus konfliktfähigen) Co-Managements in schwierigen Zeiten, die den Betriebsräten teilweise ungewöhnliche Zugeständnisse abverlangen. „Ein Hauptgrund dafür, dass die ‚Realpolitik', die streckenweise eine ‚Verzichtspolitik' ist, nicht die institutionelle Bedeutung der Betriebsräte verändert hat, liegt darin, dass sie mit ihrer kooperativ-kritischen Haltung des Mittragens und Mitverantwortens bisher tatsächlich die Haltung der Belegschaftsmehrheiten repräsentiert haben und diese immer wieder davon zu überzeugen in der Lage waren" (Kotthoff 1998, S. 96).

Zusammenfassend ist zu konstatieren, dass der Betriebsrat zur entscheidenden Schaltstelle im deutschen System der industriellen Beziehungen geworden ist. Ihm obliegt es, einerseits die neuen, flexiblen Tarifregelungen (Arbeitszeit, Beschäftigungssicherung, Altersteilzeit etc.) gemeinsam mit dem Management den betrieblichen Gegebenheiten anzupassen, und andererseits die neuen Systeme der direkten Partizipation (s. weiter unten) mit dem System der repräsentativen

Mitbestimmung zu vernetzen. „Wenn es den Betriebsrat nicht gäbe", meinen einflussreiche Vertreter aus dem Management, „müsste man ihn erfinden" (Eberwein und Tholen 1990, S. 263). Umfragen des (arbeitgebernahen) Instituts der deutschen Wirtschaft belegen diese Meinung mit mehreren positiven Statements, (z. B. Betriebsrat ist eine betriebliche Führungskraft, ein wichtiger Produktionsfaktor), denen jeweils große Mehrheiten der Unternehmer zustimmen (vgl. Niedenhoff 2002, S. 350 ff.). Betriebsräte sind vielfach zu kompetenten Krisenmanagern, Agenten des Wandels und Promotoren der Modernisierung geworden.

Letzteres zeigte sich besonders im letzten Jahrzehnt durch die Beteiligung an betrieblichen Innovationen als einem relativ neuen Aktivitätsfeld für die betriebliche Mitbestimmung – ein Feld, das geeignet ist, den co-manageriellen Charakter der Betriebsratstätigkeit stärker zu konturieren. Mitbestimmung, die in neoliberalen Diskursen häufig eher als eine Innovationsbremse gesehen wurde (Schwarz-Kocher u. a. 2011, S. 9), mutierte in neueren Untersuchungen gar zum „Innovationstreiber" (Kriegesmann und Kley 2012), wie mehrere Forschungsprojekte der Hans-Böckler-Stiftung zum Verhältnis von Innovation und Mitbestimmung dokumentieren (Übersichten dazu bei Gerlach (2012) und Pfeiffer (2014)).

Als aktuellste Herausforderung verlangt die *Digitalisierung* dem Betriebsrat eine innovative Praxis ab, die in die Zukunft weist und sich auf „Industrie und Arbeit 4.0" einstellt. Die derzeit stattfindenden Digitalisierungsprozesse schlagen ein neues Kapitel in Mitbestimmungsfragen auf. Mit ihrem Projekt „Arbeit 2020 in NRW" zielen Gewerkschaften, unter der Federführung der IG Metall, auf eine „proaktive Betriebspolitik", die sich auf entscheidende Veränderungen der Arbeitsbedingungen vorbereitet (Haipeter et al. 2018). Ausgehend von einer Bestandsaufnahme der Digitalisierung im Betrieb (Erstellung einer „Betriebslandkarte") sollen arbeitspolitische Themen identifiziert und betriebliche Zukunftsvereinbarungen abgeschlossen werden (ebd., S. 220). In einer aktuellen Publikation (Maschke et al. 2018) hat die Hans-Böckler-Stiftung Rahmen- und Prozessvereinbarungen zur Mitbestimmung bei Digitalisierungsprozessen dokumentiert, die exemplarisch zeigen, dass Betriebsräte mit Unterstützung der Gewerkschaften für diese Zukunftsaufgabe durchaus gewappnet sind.

Freiwillige und direkte Partizipation Neben dem Betriebsrat haben sich noch andere, rechtlich nicht abgesicherte „Mitarbeitervertretungen" (Ellguth und Kohaut 2017) beziehungsweise „Andere Vertretungsorgane" (Hauser-Ditz et al. 2008) etabliert, die als Mitarbeiterausschuss, Runder Tisch, Vertrauensleute oder Sprecher tätig sind. Über ihre Verbreitung gibt es divergierende Angaben. Nach dem IAB-Betriebspanel (Betriebe ab 5 Beschäftigten) sind sie in 15 % der Betriebe mit 19 % der Beschäftigten vertreten (Ellguth und Kohaut 2017, S. 283); eine repräsentative

Bochumer Untersuchung (Betriebe ab 10 Beschäftigten) kommt auf 19 % der Betriebe mit 11 % der Beschäftigten (Hauser-Ditz et al. 2008, S. 107). Sie sind vornehmlich in Klein- und Mittelbetrieben (bis 100 Beschäftigten) zu Hause (ebd., S. 106). Im Gegensatz zum von den Beschäftigten gewählten Betriebsrat fungieren diese Organe in ihrer Mehrheit als von der Geschäftsführung eingesetzte (63 %) und agieren als gemeinsame Gremien von Arbeitnehmern und Betriebsleitung (56 %) (Zahlen nach Hauser-Ditz et al. 2008, S. 109). Sie unterliegen überdies einer starken Fluktuation; ein Großteil dieser alternativen Vertretungsformen existiert nur über einen relativ kurzen Zeitraum, alljährlich werden viele neu gegründet (Ellguth und Kohaut 2017, S. 284).

Die in der letzten Dekade des 20. Jahrhunderts vorwiegend durch Initiativen des Managements eingeführten Formen *direkter* Arbeitnehmerpartizipation bedeuten in der Tendenz, dass sie an Organisationsentscheidungen beteiligt werden, von denen sie in irgendeiner Weise betroffen sind und die zuvor ihren Vorgesetzten vorbehalten waren. Damit erhalten die betrieblichen Arbeitsbeziehungen eine neue Qualität: nicht nur, dass innerbetriebliche Verhandlungsprozesse an Relevanz gewinnen, auch das betriebliche Mitbestimmungssystem findet seine Ergänzung nach unten, in Form einer „Mitbestimmung in der ersten Person". Aus der Perspektive der institutionalisierten Mitbestimmung stellt sie das Vertretungsmonopol des Betriebsrats infrage. Notwendigerweise verändern sich damit Rolle und Aufgaben des Betriebsrats sowohl im Verhältnis zu den Beschäftigten wie zum Management.

Die verschiedenartigen Formen direkter Partizipation – Gruppenarbeit, Qualitätszirkel, Projektteams – gehören zum Kernbestand des *Human Resource Management.*

Bei *Qualitätszirkeln* (auch: Lernstatt, Werkstattkreis, Lern- und Vorschlagsgruppe) handelt es sich um Organisationsformen, die quer und parallel zur regulären Arbeitsorganisation eingeführt werden; man spricht auch von „Problemlösungsgruppen" beziehungsweise „diskontinuierlichen Formen der Gruppenarbeit" (Bungard und Antoni 1993, S. 383). Ein Qualitätszirkel besteht in der Regel aus einer Kleingruppe von 6 bis 12 Teilnehmern aus gleichen oder ähnlichen Arbeitsbereichen, die sich in regelmäßigem Turnus während der Arbeitszeit treffen, um unter der Leitung eines Moderators betriebs- und arbeitsbezogene Probleme zu diskutieren und Lösungen dafür zu erarbeiten.

Im Vergleich dazu ist bei der Team- oder *Gruppenarbeit* die Beteiligung in das Arbeitshandeln integriert; wir haben es hier mit einer Organisationsform zum Zwecke der kontinuierlichen Ausführung der Arbeitsaufgabe zu tun. Obwohl die Bandbreite der Gruppenarbeitskonzepte im Hinblick auf Arbeitsumfang und Autonomie sehr breit ist, können zwei markante Typen unterschieden werden: *Fertigungsteams* und *teilautonome Arbeitsgruppen*. Erstere sind in kurzzyklisch-tayloristische Arbeitsabläufe eingebunden, allerdings mit flexibler

Arbeitsplatzrotation, integrierten indirekten Funktionen, wie Instandhaltung und Qualitätskontrolle, und kontinuierlicher „Rationalisierung in Eigenregie". Der Prototyp dieses „flexibilisierten Taylorismus" findet sich vornehmlich bei Toyota (Jürgens et al. 1989), er ist aber auch in der deutschen Automobilproduktion keine Seltenheit (vgl. Mickler et al. 1996; Bahnmüller und Salm 1996). Die teilautonome Arbeitsgruppe hingegen verkörpert die Rücknahme tayloristischer Arbeitszerlegung durch Reintegration vormals ausgegliederter, den indirekten und planenden Bereichen (Arbeitsvorbereitung, Instandhaltung, Qualitätsprüfung etc.) übertragenen Arbeitsaufgaben. Die Gruppe und ihre Mitglieder übernehmen dabei gewissermaßen Funktionen des Arbeitsmanagements. Zu ihren konstitutiven Elementen gehören das Gruppengespräch und der Gruppensprecher. Die (meist gewählten) Gruppensprecher betreten als neue Akteure die Arena der betrieblichen Arbeitsbeziehungen, zwar nicht notwendigerweise als Konkurrenten der Betriebsräte, aber sie stellen deren traditionelle Vertretungsaufgaben zumindest teilweise infrage, im günstigen Fall ergänzen sie diese.

Projektteams sind vornehmlich in der Informations- und Telekommunikations(IT)-Industrie verbreitet; dort ist die Projektarbeit eine dominante Form der produktiven Aufgabenbewältigung. Da diese Arbeit primär auf Innovation gerichtet ist, kann sie nur in geringem Maße vorab geplant werden. Ressourcenzuweisung und die Festlegung des Abschlusstermins sind die wichtigsten Faktoren, mit denen das Management auf die Projektteams Einfluss nehmen kann, denen im Übrigen ein hohes Maß an Selbstorganisation eingeräumt wird. Die Arbeitsplanung stellt „einen komplexen sozialen Prozess dar, in dem durch Aushandlung zwischen Projektteam, Unternehmensleitung und Kunden […] Ziele, Arbeitsteilung und Ressourcen festgelegt werden" (Boes und Baukrowitz 2002, S. 114).

Eine Untersuchung über Formen und Praxis der direkten Partizipation in Unternehmen der Neuen Medien kommt zu der Schlussfolgerung, dass sie „Ausdruck moderner Leistungserstellungsprozesse und von Beteiligungs- und Mitbestimmungsansprüchen der Beschäftigten sind", die „nicht ausschließlich auf jederzeit aufkündbaren Beteiligungsofferten des Managements basieren" (Ittermann 2007, S. 289).

Mitbestimmung im Unternehmen Die Unternehmensmitbestimmung „ergänzt und verstärkt", in der Beurteilung des DGB, „die positive Wirkung der betrieblichen Mitbestimmung, indem sie den Beschäftigten die gleichberechtigte Teilhabe an der Beratung und Kontrolle des Vorstandes bzw. der Geschäftsführung im Aufsichtsrat einräumt" (DGB 2017, S. 9).

In der *Montanmitbestimmung* fand die Unternehmensmitbestimmung, wie sie in der Neuordnungskonzeption des Münchner Programms des DGB formuliert worden war, ihren prägnantesten Ausdruck. Fortan betrachteten die

Gewerkschaften die volle Parität im Aufsichtsrat, mit starker gewerkschaftlicher Repräsentation, sowie einen von Arbeitnehmerseite bestimmten Arbeitsdirektor als gleichberechtigtes Vorstandsmitglied, als verbindliche Leitlinie für die Unternehmensmitbestimmung.

Dem Arbeitsdirektor bleiben aufgrund seiner Zwitterstellung – einerseits ist er vom gewerkschaftlichen Vertrauen getragen, andererseits als Vorstandsmitglied den Anteilseignern verpflichtet – zwar Loyalitätskonflikte nicht erspart, aber diese haben seine Rolle als „Friedensstifter" im Betrieb eher gestärkt. Über seine Zusammenarbeit mit den Betriebsratsmitgliedern erbrachte eine frühe Untersuchung im Wesentlichen positive Befunde (Potthoff et al. 1962, S. 127 ff.). Die Studie hob zugleich hervor, dass sowohl Arbeitsdirektoren wie Betriebsräte sich jeweils starke Personen als Gegenüber wünschten, weil dies der Zusammenarbeit förderlich sei. Die Aufgabenbereiche des Arbeitsdirektors, dem die Unternehmensvorstände anfangs nur eingegrenzte Ressorts zugewiesen hatten, wurden mit der Zeit sukzessive erweitert (Geisler und Heese 1986, S. 179 ff.).

Die Mitbestimmungskommission unter Leitung Kurt Biedenkopfs stellte in ihrem Bericht von 1970 fest, dass die Montanmitbestimmung sich keineswegs negativ auf Wirtschaftlichkeit und Rentabilität der Unternehmen ausgewirkt habe; die primär ökonomische Orientierung der Unternehmenspolitik sei vielmehr durch eine „soziale Komponente" ergänzt worden. Überdies habe der Aufsichtsrat vom „Erfahrungswissen" der Arbeitnehmervertreter profitiert. Aus dem Zwang zur Kooperation zwischen Arbeitnehmer- und Arbeitgebervertretern konnte sich eine konsensorientierte Form der Zusammenarbeit auf der Unternehmensebene entwickeln, die sich auch positiv auf die Arbeit des Betriebsrats bei der Erfüllung seiner betriebsverfassungsrechtlichen Aufgaben auswirkte.

Selbst wenn die Unternehmer der Montanindustrien nach dem Zweiten Weltkrieg nur aus taktischen Gründen Zugeständnisse gemacht hatten, mussten sie sich in der alltäglichen Praxis mit den Arbeitnehmervertretern und ihren Organisationen arrangieren. Gerade in den Montanindustrien, in denen Prinzipien autoritärer Unternehmensführung („Herr-im-Hause"-Standpunkt) länger als anderswo ihre Heimstatt hatten, bedurfte es offenbar der starken Dosis Montanmitbestimmung mit ihrem permanenten Zwang zur Zusammenarbeit, um kooperative und stabile Vertragsbeziehungen zu institutionalisieren. Deren praktische Leitlinie war der soziale Ausgleich, die Balance zwischen ökonomischer Effizienz und sozialer Rationalität. Dem entspricht, dass im Aufsichtsrat in der Regel kaum Kampfabstimmungen stattfanden oder die Einschaltung des „neutralen Mitglieds" für Stichentscheide erforderlich wurde.

Das in der Vergangenheit für die Mitbestimmungswirklichkeit so wichtige Modell der Montanmitbestimmung ist als Resultat des fortschreitenden

Schrumpfungsprozesses der Kohle- und Stahlindustrie in einem unaufhaltsamen Niedergang begriffen, zumal 2018 die völlige Einstellung des Steinkohlenbergbaus erfolgt. Für den Stahlbereich weist der „Arbeitgeberverband Stahl e. V." 62 Mitgliedsunternehmen mit knapp 80.000 Beschäftigten (Stand 31.12.2016) aus [https://www.agvstahl.de/html/verband.html].

Dass die Unternehmensmitbestimmung, in die Gewerkschaften und die politische Linke nach dem Zweiten Weltkrieg noch so große Hoffnungen gesetzt hatten, ihren strategischen Stellenwert als Tor zur Wirtschaftsdemokratie völlig eingebüßt hat, ist nicht allein auf das Schrumpfen des Geltungsbereichs der Montanmitbestimmung, sondern mehr noch auf die Verabschiedung des Mitbestimmungsgesetzes von 1976 zurückzuführen. Obwohl die sozialliberale Koalition mit dem Mitbestimmungsgesetz von 1976 der von den Gewerkschaften immer wieder geforderten Ausweitung der Unternehmensmitbestimmung auf die gesamte Wirtschaft stattgab, enttäuschte es den DGB wegen der substanziell unvollständigen Parität zutiefst. Dass auch die Arbeitgeber und ihre Verbände vom Gesetz enttäuscht waren, zeigte ihre, wenn auch erfolglose Verfassungsbeschwerde.

In den folgenden Jahren lernten indessen die Kontrahenten, sich mit der anfänglich beiderseits ungeliebten Unternehmensmitbestimmung zu arrangieren. Es gibt eine Reihe sozialwissenschaftlicher Untersuchungen, deren Befunde ein weitreichendes Einverständnis von Managern und Kapitalvertretern mit der Arbeitnehmervertretung in Aufsichtsräten dokumentieren.

Eine der ersten Untersuchungen über die Wirksamkeit dieser Mitbestimmungsform in der Vertretung von Arbeitnehmerinteressen kam zu ernüchternden Ergebnissen (Bamberg et al. 1987). Demnach hat die Mitbestimmung im Aufsichtsrat weitgehend dienende Funktionen für die gewerkschaftliche Betriebspolitik, etwa durch zusätzliche Informationsbeschaffung. Fallweise wird sie auch zur Stützung der betrieblichen Interessenvertretung, etwa bei Rationalisierungs- und Umstrukturierungsmaßnahmen, benutzt. Erleichtert wird dies durch die Tatsache, dass viele Betriebsratsvorsitzende in Personalunion Aufsichtsratsmitglieder sind.

Eine aktuelle Statistik (Stichtag 31.12.2016) zählt in Deutschland 641 Unternehmen (darunter 354 GmbH, 234 Aktiengesellschaften und 14 europäische Aktiengesellschaften, SE) als mitbestimmte Unternehmen nach dem Mitbestimmungsgesetz 1976 (https://www.mitbestimmung.de/html/frage-1-546.html). Unter das Drittbeteiligungsgesetz fallen nach einer Studie aus dem Jahre 2009 knapp 1500 Unternehmen (Bayer 2009).

Wie schon bei der betrieblichen Mitbestimmung haben Ökonometriker auch bei der Unternehmensmitbestimmung positive Effekte auf die ökonomische Leistungsfähigkeit, insbesondere auf Produktivität, Rentabilität und Personalfluktuation, ermittelt (Vitols 2006; Jirjahn 2010).

Mitbestimmung als demokratisches Ordnungselement der Sozialen Marktwirtschaft

5

Die Frage nach der Vereinbarkeit der Mitbestimmung mit der Sozialen Marktwirtschaft ist nicht einfach zu beantworten. Befragt man die Väter und Protagonisten der Sozialen Marktwirtschaft nach dem ordnungspolitischen Stellenwert der Mitbestimmung, findet man nur selten explizite Stellungnahmen. Von Ludwig Erhard ist überliefert, dass er in der frühen Phase der konzeptionellen Auseinandersetzung um die Wirtschaftsordnung (1949) die *Mitwirkung* als einen „Bestandteil der freien Marktwirtschaft" bezeichnete und die *Mitbestimmung* in den „Bereich der Planwirtschaft" verwies („Allgemeine Kölnische Rundschau" vom 27./28. Dezember 1949, zitiert nach: Stötzel und Wengeler 1995, S. 57). Erhard hat diese Meinung in einer „Gärungsphase" von Mitbestimmungskonzepten in der sich konstituierenden Bundesrepublik ohne einschlägige Begründung geäußert. Nach heutigem Verständnis ist sie als voreilig und überholt anzusehen. Mit der nachfolgenden Analyse soll der Beantwortung dieser Frage eine solide wissenschaftliche Grundlage geschaffen werden.

Konzept der Sozialen Marktwirtschaft Als eine konzeptionell offene Ordnungsvorstellung (Hauff 2007, S. 9) hat die Soziale Marktwirtschaft ungleiche Interessenten und sich widersprechende Interpreten in den Bann gezogen. Siebzig Jahre nach ihrer Einführung halten die einen sie für überholt, die anderen als bewährt (s. zuletzt Thalemann 2011) und ausbaufähig. Die Vielfalt der Interpretationen verdankt sich vornehmlich der Unbestimmtheit des Adjektivs „sozial". Verknüpfen die einen ihre Vorstellungen stärker mit diesem Adjektiv, dann die anderen mit dem Substantiv.

So dachte Ludwig Erhard eher an eine „freie Marktwirtschaft" als an eine soziale Marktwirtschaft (Fuhrmann 2017). Der wirtschaftsliberale Ökonom Herbert Giersch konstatierte lapidar: „Für Erhard war das, was er an Marktwirtschaft realisieren konnte, schon sozial genug" (Giersch 2006, S. 63).

© Springer Fachmedien Wiesbaden GmbH, ein Teil von Springer Nature 2019
W. Müller-Jentsch, *Mitbestimmung, essentials*,
https://doi.org/10.1007/978-3-658-24174-2_5

Der Begriff Soziale Marktwirtschaft selbst geht zurück auf Alfred Müller-Armack (1948), einen Ökonomen, der sowohl vom Ordoliberalismus der Freiburger Schule um Walter Eucken wie von der katholischen Soziallehre beeinflusst war. Er leitete in den frühen 1950er Jahren die Grundsatzabteilung des Wirtschaftsministeriums und wurde 1958 Erhards Staatssekretär für Europapolitik. Die von ihm geprägte Kurzformel für das Wesen der Sozialen Marktwirtschaft lautete: „das Prinzip der Freiheit auf dem Markt mit dem des sozialen Ausgleichs zu verbinden" (Müller-Armack 1956, S. 390).

Darin sieht die Wirtschaftswissenschaftlerin Friedrun Quaas ein Verständnis von der Sozialen Marktwirtschaft als einer dialektischen Verklammerung sozialer und marktwirtschaftlicher Komponenten, wobei „Freiheit und soziale Gerechtigkeit nicht in einem substitutionalen, sondern in einem komplementären Verhältnis [stehen]" (Quaas 2000, S. 55). Soziale Marktwirtschaft ist für Müller-Armack „eine Integrationsformel zur Vermittlung von Gegensätzen" (ebd., S. 56).

Dass Müller-Armack Leistungswettbewerb und soziale Gerechtigkeit als gleichberechtigte Ziele betrachtete, bekräftigte er in einer Rede von 1978, die er kurz vor seinem Tod zur Einleitung eines Symposiums der Ludwig-Erhard-Stiftung hielt:

> „Die Grundformel der Sozialen Marktwirtschaft ist nicht von einer Seite her – wie etwa der des Wettbewerbs – zu beschreiben, sondern, wie von den beiden Seiten einer Medaille, von einer einheitlichen, wenn auch etwas komplizierteren Struktur bestimmt." […] „Beide Dinge [Leistungswettbewerb und soziale Sicherung] gehören absolut in der Sozialen Marktwirtschaft in eine gemeinsame Strukturformel. […] Sie begrenzen sich gegenseitig." (Müller-Armack 1978, S. 11).

Und weiter:

> „Das Stilprinzip der Sozialen Marktwirtschaft [ist] einer permanenten Abwandlung zugänglich", In diesem Zusammenhang erinnerte er „an die Sparförderung, an die weiterzuführenden Ansätze der Vermögenspolitik, an die dynamische Rentenformel, an das Betriebsverfassungsgesetz und alles, was sich daran anschloß" (ebd.; S. 13).

Zu dieser Zeit konnte er nur das novellierte Betriebsverfassungsgesetz von 1972 mit seinen substanziellen Erweiterungen der Rechte der Betriebsräte gemeint haben. Ob die Wendung „und alles, was sich daran anschloß" auch auf das Mitbestimmungsgesetz 1976 gemünzt war, bleibt eine – freilich begründete – Vermutung. Denn sein Nachfolger auf den Kölner Lehrstuhl, Hans Willgerodt, verteidigte als Mitglied der Biedenkopf-Kommission die von ihr formulierten Empfehlungen, die in das Mitbestimmungsgesetz aufgenommen worden waren (s. dazu weiter unten).

Streitpunkt Wirtschaftliche Mitbestimmung Mit der wirtschaftlichen Mitbestimmung hat sich der Ordoliberale Franz Böhm am intensivsten auseinandergesetzt. Schon im Jahr der Verabschiedung des Montan-Mitbestimmungsgesetzes von 1951 hat er der Mitbestimmungsproblematik eine lange Abhandlung gewidmet (Böhm 1951). Darin unterscheidet er zwischen dem *arbeitspolitischen* und dem *wirtschaftspolitischen* Programm der Gewerkschaften; in einer späteren Schrift (Böhm 1967) differenziert er zwischen *arbeitsrechtlichem* und *wirtschaftsreformerischem* Mitbestimmungsrecht. Nicht gegen ersteres ist seine Streitschrift gerichtet. Das in der Weimarer Republik geschaffene kollektive Arbeitsrecht, einschließlich der Institution des Betriebsrats, findet vielmehr seine ausdrückliche Billigung. Allein gegen das wirtschaftspolitische Reformprogramm der Gewerkschaften, das die Mitbestimmung laut Böhm als ein unternehmerisches und gesamtwirtschaftliches Lenkungsinstrument in der Tradition der „Wirtschaftsdemokratie" inaugurieren wolle, zieht er zu Felde.

Die Hauptstoßrichtung seiner Argumentation ist eine doppelte: Zum einen fokussiert er seine Kritik auf die Infragestellung der Leitungsbefugnis im Unternehmen, zum anderen auf die Steuerungsprobleme einer gemischten Wirtschaftsordnung. Das mit der Einführung des Mitbestimmungsrechts entstehende neue Organ der internen Willensbildung führe zu einer „Verumständlichung der unternehmerischen Willensbildung", mit der Wirkung, „den vom Pioniertrieb und Wagemut beseelten Teil der Unternehmer in ihrem Wagemut zu dämpfen" (Böhm 1951, S. 116 f.). Sodann sieht Böhm in der damals von den Gewerkschaften angestrebten „Neuordnung der Wirtschaft", mit dem Kernelement der Mitbestimmung auf allen Ebenen der Wirtschaft, eine Vermischung zweier Systeme: der liberalen Marktwirtschaft und der zentralen Planwirtschaft. Die von ihm als „Planwirtschaft der leichten Hand" bzw. „zentral gesteuerte Marktwirtschaft" bezeichnete Hybridform hält er, wie die Mitbestimmung, für „unausgereifte Ideen", die mehr einer Doktrin als einer umfassenden Analyse geschuldet seien. Statt den „wirtschaftsdemokratischen Weg" einzuschlagen, empfiehlt er, „die soziale Frage mit den Methoden einer *freiheitlichen Wirtschaftspolitik,* mit dem Ausbau einer echten *Wettbewerbsordnung*" zu lösen (ebd., S. 249).

Franz Böhm hat später seine Position modifiziert (1971). Anlass dazu gab das vorgelegte Biedenkopf-Gutachten von 1970, dessen Empfehlungen das Mitbestimmungsgesetz von 1976 weitgehend umsetzte. Wiederum differenziert er zwischen zwei Formen der Mitbestimmung: einer Mitbestimmung, die mit dem Grundsatz der „Gleichberechtigung von Kapital und Arbeit" und einer, die mit dem „Vertragsanspruch der Arbeitnehmer aus dem Arbeitsverhältnis" legitimiert wird (1971, S. 209 f.).

Zwar habe die gesellschaftsreformatorische Konzeption der Gewerkschaften sich selbst dort, „wo sie zum Gesetz erhoben" wurde, in der Montanindustrie, bei der „praktischen Anwendung in ein Mitbestimmungsrecht im Sinn des kollektiven Arbeitsrechts" (Böhm 1971, S. 215) verwandelt, sodass der „marktwirtschaftliche Lenkungsmechanismus" auch durch die neue Mitbestimmungsregelung nicht mehr grundsätzlich bedroht sei. Aber mit dem Postulat der „Gleichberechtigung" würde über Gebühr in die Privatautonomie des Unternehmers eingegriffen und die unternehmerische Willensbildung einem Prozess der „Verumständlichung" unterworfen. Daher sei die paritätische Mitbestimmung abzulehnen.

Soziale Integration durch Mitbestimmung Zu einem anderen Urteil kam der Ordoliberale Hans Willgerodt (1970; 1971), der Nachfolger auf Müller-Armacks Kölner Lehrstuhl und langjährige Herausgeber des ORDO Jahrbuchs. Er verteidigt als Mitglied der Biedenkopf-Kommission die Mitbestimmung mit einem Argument, das in der ordoliberalen Diskussion bis dato kaum eine Rolle gespielt hatte: *soziale Integration durch Mitbestimmung.* Willgerodt behob damit ein notorisches Defizit der liberalen Wirtschaftstheorie, auf das schon früh der Soziologe Emile Durkheim in seiner Kritik an der utilitaristischen Sozialtheorie hingewiesen hatte: Marktbeziehungen allein stiften keine soziale Ordnung; die Bindungskraft eigennütziger Interessen ist zu schwach. So betont denn Willgerodt die Notwendigkeit der Integration der Arbeitnehmer in den Unternehmungen und in das marktwirtschaftliche System, die durch die vorgeschlagenen Mitbestimmungsregelungen befördert werden soll. Als abschreckendes Gegenbeispiel diente ihm „die nach angelsächsichem oder romanischem Vorbild […] permanente Frontstellung zum Unternehmen" (Willgerodt 1970, S. 218). Bemerkenswert ist zudem, dass Willgerodt wie die Mitbestimmungskommission nicht nur den Arbeits*vertrag* als Rechtfertigungsgrund für die Mitbestimmung heranziehen, sondern auch das Arbeits*verhältnis,* das den Arbeitnehmer zum Mitglied des „sozialen Zweckverbands Unternehmen" (Mitbestimmung im Unternehmen 1970, S. 60, Ziffer 12) mache.

Willgerodt war einer der wenigen Autoren, die sich in einem von Franz Böhm und Goetz Briefs (1971) herausgegebenen Diskussionsband „Mitbestimmung – Ordnungselement oder politischer Kompromiß?" – zum „Biedenkopf-Gutachten" (Mitbestimmung im Unternehmen 1970) positiv über die wirtschaftliche Mitbestimmung äußerten. Die Alternative „Ordnungselement oder politischer Kompromiß", welche in dem Band noch zugunsten des Letzteren gewertet wurde, dürfte in der praktischen Wirtschafts- und Sozialpolitik von heute zugunsten des „Ordnungselements" entschieden sein.

Sowohl die anfänglichen Gegner der Sozialen Marktwirtschaft, die Gewerkschaften, als auch die Partei der Sozialen Marktwirtschaft, die CDU/CSU, sehen das mittlerweile auch so. Die Gewerkschaften gehören heute zu den engagierten Verteidigern der Sozialen Marktwirtschaft. Sicherlich nicht nur deshalb, weil sich dieses Konzept in der Praxis als erfolgreich erwiesen hat, sondern auch, weil sie sich mehr und mehr als „Mitgestalter" dieser Praxis begreifen können. Sukzessive haben sie ihre systemkritischen Programmatiken aufgegeben. In ihrem letzten Grundsatzprogramm (Dresden 1996) heißt es: „Die soziale Marktwirtschaft hat einen hohen materiellen Wohlstand bewirkt." Und als „sozial regulierte Marktwirtschaft" (eine Formulierung, die durchaus vom frühen Müller-Armack stammen könnte) habe sie dank der Gewerkschaften breite Bevölkerungsschichten an diesem Wohlstand teilhaben lassen. Mittlerweile betrachten die Gewerkschaften die in Deutschland geltenden Mitbestimmungsrechte als „konstitutiven Bestandteil der Sozialen Marktwirtschaft" (Schmoldt 2004). Die Hans-Böckler-Stiftung wirbt gar mit dem Slogan: „Mitbestimmung – Das demokratische Gestaltungsprinzip der Sozialen Marktwirtschaft" [https://www.boeckler.de/Hans-Boeckler-Stiftung_Mitbestimmung_Gestaltungsprinzip-der-Sozialen-Marktwirtschaft.pdf]. Mit dieser Meinung finden die Gewerkschaften bei der Bundeskanzlerin Merkel eine aktive Unterstützerin. Als Festrednerin auf der DGB-Jubiläumsveranstaltung „30 Jahre Mitbestimmungsgesetz" bezeichnete sie die Mitbestimmung als „eine große Errungenschaft" und als „ein nicht wegzudenkender Teil unserer Sozialen Marktwirtschaft" (Girndt et al. 2006). Und das Bundesarbeitsministerium konstatierte in einer Antwort auf eine Kleine parlamentarische Anfrage 2016:

> Nach Auffassung der Bundesregierung hat sich die Mitbestimmung auf Unternehmensebene bewährt. Sie ist ein wesentliches Element der Sozialen Marktwirtschaft und hat einen nicht unerheblichen Beitrag dazu geleistet, dass Deutschland wirtschaftliche Krisen meistern konnte (Deutscher Bundestag 2016, S. 4).

Wenn wir Willgerodts Argument aufgreifen, können wir den beiden, nach der bekannten Formel von Alfred Müller-Armack definierten Eckpfeilern der Sozialen Marktwirtschaft – „das Prinzip der Freiheit auf dem Markt mit dem sozialen Ausgleich zu verbinden" – gewissermaßen als dritten Eckpfeiler die *soziale Integration durch Mitbestimmung* hinzuzufügen.

Mitbestimmung in der Europäischen Union

6

Deutschland verfügt in der Europäischen Union wohl über die stärksten Institutionen der Mitbestimmung im Betrieb und Unternehmen. Die skandinavischen Länder verfügen gleichfalls über starke Mitbestimmungsrechte, die indessen hauptsächlich durch gewerkschaftliche Kanäle ausgeübt werden. Gleichwohl wird in vielen europäischen Ländern das Unternehmen nicht lediglich als eine private Anstalt zwecks Gewinnerzielung angesehen, sondern als eine gesellschaftliche Institution mit dem Charakter einer „Produktionsgemeinschaft von Stakeholders" – im Gegensatz zum angelsächsischen „Shareholder"-Modell. Folgerichtig tragen viele Mitgliedsländer der EU in ihrer Arbeits- und Sozialgesetzgebung dem Interessenausgleich zwischen verschiedenen Anspruchsgruppen im Unternehmen Rechnung.

Mitbestimmung in Unternehmen der Europäischen Union (EU) In den EU-Ländern gewähren 18 von 28 EU-Mitgliedstaaten Arbeitnehmervertretern das Recht, in den Führungsgremien von Unternehmen mitzubestimmen. Unter diesen befinden sich sechs Länder (Griechenland, Irland, Polen, Portugal, Spanien und Tschechien), in denen die Unternehmensmitbestimmung nur für staatliche oder kommunale Unternehmen zutrifft. In der nachstehenden Übersicht werden die 12 Länder (plus Norwegen) aufgeführt, die in privaten Unternehmen eine Unternehmensmitbestimmung vorschreiben (Tab 6.1).

Beim europäischen Vergleich ist auf zwei verschiedenartige Formen der Unternehmensführung zu achten. Deutsche, österreichische und slowakische Kapitalgesellschaften verfügen über eine *duale* Führungsstruktur, das heißt für die Geschäftsführung ist der Vorstand zuständig, der von einem Aufsichtsrat kontrolliert wird. In anderen, vornehmlich angelsächsischen Ländern existiert eine *monistische* Struktur, das heißt Geschäftsführung und Kontrolle werden von

© Springer Fachmedien Wiesbaden GmbH, ein Teil von Springer Nature 2019
W. Müller-Jentsch, *Mitbestimmung,* essentials,
https://doi.org/10.1007/978-3-658-24174-2_6

einem Gremium – Vorstand (oder auch Verwaltungsrat bzw. Board of Directors) – wahrgenommen. In einer dritten Gruppe (Frankreich, Kroatien und Slowenien) können Unternehmen zwischen diesen beiden Formen der Unternehmensführung wählen. Je nach System nehmen die Repräsentanten der Arbeitnehmer entweder im Aufsichtsrat oder in einem Board of Directors ihren Sitz ein.

Tab 6.1 Unternehmensmitbestimmung in 12 EU-Ländern und Norwegen

Land	Mitbestimmungspflichtige Unternehmen	Anzahl der Arbeitnehmerrepräsentanten
Dänemark	Unternehmen ab 35 Beschäftigten	Zwischen 2 und 1/3 der Sitze im Board
Deutschland	Kapitalgesellschaften mit 500 und mehr Beschäftigten	1/3 der Sitze im Aussichtsrat in Unternehmen mit 500 bis 2000 Beschäftigten / 1/2 der Sitze in Unternehmen mit mehr als 2000 Beschäftigten
Finnland	Unternehmen ab 150 Beschäftigten	Nach Vereinbarung, andernfalls 1/5 der Sitze im Board oder in anderen Entscheidungsgremien
Frankreich	Private Unternehmen mit 1000 und mehr Beschäftigten im Lande (oder 5000 weltweit) sowie staatliche Unternehmen	Mindestens 1 oder 2 Sitze im Board privater Unternehmen / 1/3 der Sitze in staatlichen Unternehmen
Kroatien	Kapitalgesellschaften ab 200 Beschäftigten	1 Sitz im Board
Luxemburg	Unternehmen ab 1000 Beschäftigten / Unternehmen mit Staatsbeteiligung	1/3 der Sitze im Board von Unternehmen ab 1000 Beschäftigten / bis zu 1/3 in anderen
Niederlande	Unternehmen ab 100 Beschäftigten	Bis zu 1/3 der Sitze im Board
Norwegen	Unternehmen ab 30 Beschäftigten	1 Direktor in Unternehmen mit 30 bis 50 Beschäftigten / 1/3 der Sitze in Unternehmen mit über 50 Beschäftigten / 1 zusätzlicher Sitz in Unternehmen mit mehr als 200 Beschäftigten
Österreich	Kapitalgesellschaften ab 300 Beschäftigten	1/3 der Sitze im Aufsichtsrat
Slowakei	Unternehmen ab 50 Beschäftigten	1/2 der Sitze im Board von staatlichen, 1/3 in privaten Unternehmen

(Fortsetzung)

Tab 6.1 (Fortsetzung)

Land	Mitbestimmungspflichtige Unternehmen	Anzahl der Arbeitnehmerrepräsentanten
Slowenien	Unternehmen ab 50 Beschäftigten	Zwischen 1/3 und 1/2 der Sitze in Unternehmen mit Aufsichtsräten / 1/3 der Sitze in Unternehmen mit Board-System mit mehr als 500 Beschäftigen
Schweden	Unternehmen ab 25 Beschäftigten	1/3 der Sitze im Board
Ungarn	Unternehmen ab 200 Beschäftigten	1/3 der Sitze im Aufsichtsrat (weniger in Unternehmen mit Board-System)

Quelle: ETUI; [https://www.worker-participation.eu/National-Industrial-Relations/Across-Europe/Board-level-Representation2]

Unternehmen in den Mitgliedsländern können gemäß einer Richtlinie von 2001 seit Oktober 2004 die Rechtsform der Europäischen Aktiengesellschaft (*Societas Europaea* – SE) wählen. In ihr wird die Mitbestimmung zum zwingenden Verhandlungsgegenstand: ohne eine entsprechende Vereinbarung zwischen beiden Seiten kann keine SE registriert werden (Weiss 2006).

Eine erste vergleichende und repräsentative Untersuchung in 16 Ländern (15 EU-Länder plus Norwegen) mit Unternehmensmitbestimmung wertete die schriftlichen Antworten von über 4000 Arbeitnehmervertretern über Intensität und Qualität ihrer Beteiligung an der Unternehmenssteuerung (corporate governance) aus (Waddington und Conchon 2016). Die Ergebnisse weisen deutliche Differenzen auf. So antworten rund 60 % der Arbeitnehmervertreter in den deutschsprachigen und rund 50 % in den nordischen Ländern, dass sie das Management kontrollieren beziehungsweise an den strategischen Entscheidungsprozessen beteiligt sind (ebd., S. 192–196). Dem gegenüber antworten in den frankofonen Ländern rund 80 % der Arbeitnehmervertreter, dass sie zwar informiert und konsultiert würden, ohne aber die Entscheidungen beeinflussen zu können (ebd., S. 196–198). Als ein positiver Einfluss für ihre Tätigkeit werteten die Arbeitnehmervertreter die Unterstützung und Zusammenarbeit mit Gewerkschaft und Betriebsrat. Am stärksten vernetzt mit Betriebsräten und Gewerkschaften sind die Arbeitnehmervertreter in Deutschland und Österreich, wo es häufig auch Personalunionen zwischen der Arbeitnehmervertretung im Aufsichtsrat und im Betriebsrat gibt. In Frankreich und den nordischen Ländern sind die Arbeitnehmervertreter stärker mit den Gewerkschaften vernetzt.

Europäischer Betriebsrat Als erste originäre europäische Institution auf dem Gebiet der industriellen Beziehungen fand im Wirtschaftsraum der Europäischen

Union die Mitbestimmung im Europäischen Betriebsrat (EBR) ihre bislang bedeutsamste Institutionalisierung.

Nach einer langen, mehr als zwanzigjährigen Periode kontroverser Diskussionen und gescheiterter Gesetzesinitiativen legte die Europäische Kommission im Dezember 1990 ihren Vorschlag für eine Richtlinie zur Einsetzung von Europäischen Betriebsräten vor. Nach intensiven Konsultationen mit den Sozialpartnern beschloss schließlich – unter der deutschen Präsidentschaft – der Rat der Sozialminister im September 1994 die „Richtlinie über die Einsetzung eines Europäischen Betriebsrats oder die Schaffung eines Verfahrens zur Unterrichtung und Anhörung der Arbeitnehmer in gemeinschaftsweit operierenden Unternehmen und Unternehmensgruppen" (EWC Directive 94/45/RC).

Über die allgemeine Zielsetzung einer solchen Einrichtung heißt es in der Präambel der Richtlinie: „Es sind geeignete Vorkehrungen zu treffen, damit die Arbeitnehmer gemeinschaftsweit operierender Unternehmen oder Unternehmensgruppen angemessen informiert und konsultiert werden, wenn Entscheidungen, die sich auf sie auswirken, außerhalb des Mitgliedsstaats getroffen werden, in dem sie beschäftigt sind."

Die Kriterien für ein gemeinschaftsweit operierendes, EBR-pflichtiges Unternehmen lauten:

- es muss mindestens 1000 Arbeitnehmer in den Mitgliedstaaten beschäftigen
- mit jeweils mindestens 150 Arbeitnehmern in mindestens zwei Mitgliedstaaten.

Sofern die obigen Kriterien zutreffen, gilt die Richtlinie auch für die in EU-Ländern befindlichen Niederlassungen internationaler Konzerne, die ihren Hauptsitz außerhalb der EU haben. Die Novellierung der Richtlinie von 2009 (EWC Directive 2009/38/EC) brachte nur geringfügige Verbesserungen. Zum einen wurden die im Zentrum der Richtlinie stehenden Rechte auf Information und Konsultation präziser definiert, zum anderen wurde den Repräsentanten der Arbeitnehmer das Recht auf Qualifizierung ohne Einkommenseinbußen zugestanden.

Beide Richtlinien sind in allen EU-Staaten in nationales Recht umgesetzt worden. Im Jahr 2005 zählte das Europäische Gewerkschaftsinstitut in 1071 Unternehmen aktiv operierende EBR (De Spiegelaere und Jagodzinski 2015, S. 13) von den rund 2200 EBR-pflichtigen Unternehmen (letzte Zahlen dazu: Waddington 2006a, S. 329 u. 350).

Im Mittelpunkt der Richtlinie steht das „besondere Verhandlungsgremium" der Arbeitnehmer, dessen Wahlmodus nicht weiter festgelegt wird (Wahlvorschriften wurden der nationalen Gesetzgebung überlassen). Es soll eine Vereinbarung über die Zusammensetzung und Befugnisse eines zu gründenden EBR aushandeln. Für den Fall des Scheiterns greifen Mindestvorschriften, die im Anhang der Richtlinie als Eckdaten für die nationale Gesetzgebung aufgeführt werden; sie umreißen gewissermaßen das Aktionsfeld des EBR als Minimalmodell. Diese „subsidiären Vorschriften" bestimmen unter anderem, dass der EBR mindestens drei und höchstens 30 Mitglieder hat, dass jährlich einmal eine Sitzung mit der zentralen Leitung stattzufinden hat, in der diese über die „voraussichtliche Entwicklung der Geschäfts-, Produktions-, Absatz- und Beschäftigungslage, Änderungen der Organisation, Einführung neuer Arbeitsverfahren, Verlagerungen, Fusionen oder Schließungen" zu unterrichten hat. Der EBR kann hierzu seine Stellungnahme abgeben und hat die Arbeitnehmervertreter an den nationalen Standorten über Inhalt und Ergebnisse der Unterrichtung und Anhörung zu informieren.

Die Entscheidung über die Einsetzung eines EBR oder – alternativ dazu – über die Schaffung eines Verfahrens zur Unterrichtung und Anhörung der Arbeitnehmer wird in Verhandlungen zwischen dem besonderen Verhandlungsgremium der Arbeitnehmer und der zentralen Leitung des europaweit operierenden Unternehmens getroffen. Auf Initiative der zentralen Leitung oder der Arbeitnehmer (mindestens 100 Arbeitnehmer aus zwei Betrieben aus zwei Mitgliedstaaten) werden die Verhandlungen aufgenommen, wobei das besondere Verhandlungsgremium nach einzelstaatlichen Rechtsvorschriften zu bilden ist. Es setzt sich aus mindestens einem Mitglied für jeden Mitgliedsstaat, in dem sich Betriebe des Unternehmens befinden, zusammen. Mitglieder des besonderen Verhandlungsgremiums können auch externe Vertreter (z. B. der Gewerkschaften) sein. Artikel 6 postuliert: Die Verhandlungen „müssen im Geiste der Zusammenarbeit" erfolgen.

In der Gestaltung der Vereinbarung sind das Verhandlungsgremium und die zentrale Leitung autonom. Die Richtlinie macht nur wenige Vorgaben; im Artikel 6 der Richtlinie werden mehrere Merkposten aufgelistet, über die Vereinbarungen getroffen werden müssen, u. a.

- Zusammensetzung des EBR, Anzahl der Mitglieder, Sitzverteilung, Mandatsdauer;
- Befugnisse im Hinblick auf Unterrichtung und Anhörung;
- Ort, Häufigkeit und Dauer der Sitzungen;
- finanzielle Mittel.

Der Sitz des EBR ist in der Regel bei der Konzernspitze, das heißt beim „herrschenden Unternehmen" (dafür werden verschiedene Kriterien genannt). Sofern die Konzernspitze ihren Sitz nicht in einem der EU-Staaten hat, muss sie einen Vertreter (z. B. Eurobeauftragten) als Verhandlungspartner benennen, andernfalls ist die Leitung des Unternehmens mit der höchsten Beschäftigtenzahl in einem Mitgliedstaat für die Verhandlungen zuständig.

Der in der Richtlinie zum Ausdruck kommende weitgehende Verzicht auf detaillierte Vorschriften zur Schaffung einheitlicher Strukturen der Arbeitnehmerbeteiligung (der übliche Weg zur „Harmonisierung") verweist auf einen rechtspolitischen Paradigmenwechsel – hin zum „Prozeduralismus" (Weiss 2006), zur „regulierten Vielfalt, gelenkten Freiwilligkeit" (Kotthoff 2006, S. 18). Anstelle materieller Festschreibung lässt der europäische Gesetzgeber die Akteure „im Schatten des Gesetzes" verhandeln.

Dem EBR-Modell entsprechen in der Struktur auch die Mitbestimmungsregelungen der neuen Rechtsform der Europäischen Aktiengesellschaft (*Societas Europaea* – SE), die gemäß einer Richtlinie seit Oktober 2004 in Kraft ist. In ihr wird die Mitbestimmung zum zwingenden Verhandlungsgegenstand: Ohne eine entsprechende Vereinbarung zwischen beiden Seiten kann keine SE registriert werden. Einige Bestimmungen bieten formal die Möglichkeit zur Umgehung oder Flucht aus der Mitbestimmung; bisher haben sich die Befürchtungen mancher Beobachter, die SE werde zum „Mitbestimmungskiller", jedoch nicht bewahrheitet (Böckler impuls 12/2013 v. 3. Juli 2013, S. 7).

Im Vergleich mit den Mitbestimmungsrechten des deutschen Betriebsrats verfügt der EBR über weitaus schwächere Beteiligungsrechte. Er besitzt keine echten Mitbestimmungsrechte, sondern nur Unterrichtungs- und Anhörungsrechte. Abstimmungen über kontroverse Fragen sind nicht vorgesehen, die Letztentscheidung verbleibt bei der Unternehmensleitung. Der EBR ist folglich kein multinationaler Gesamt- oder Konzernbetriebsrat, sondern eher vergleichbar einem europäischen *Wirtschaftsausschuss* mit jenen Informations- und Konsultationsrechten, die nach dem Betriebsverfassungsgesetz dem Wirtschaftsausschuss in einem deutschen Unternehmen mit mehr als 100 Beschäftigten rechtlich zustehen. Gleichwohl ist die Richtlinie eine wichtige Grundlage für den Aufbau eines europäischen Systems kollektiver Interessenvertretung.

Empirische Untersuchungen über die Europäischen Betriebsräte (Lecher et al. 1998; Lecher et al. 1999; Marginson 1999; Waddington und Kerckhofs 2003; Müller und Platzer 2003; Kotthoff 2006) zeigen, dass die Varianz ihrer Praxis ähnlich breit ist wie die der deutschen Betriebsräte.

Auch eine erste Typologie der EBR wurde aus 15 Fällen gebildet: der *symbolische,* der *dienstleistende,* der *projektorientierte* und der *beteiligungsorientierte* EBR (Platzer und Rüb 1999, S. 402). Bis auf den faktisch ineffektiven symbolischen EBR bilden die drei anderen Typen unterschiedliche Schwerpunktsetzungen und Entwicklungspfade dieser transnationalen Institution. Insbesondere im beteiligungsorientierten EBR, der über die Vorgaben der Richtlinie hinaus auch Absprachen und Vereinbarungen mit dem Konzernmanagement trifft, identifizieren die Sozialforscher ein vielversprechendes Potenzial für die Weiterentwicklung der europäischen industriellen Beziehungen. Eine Fünfertypologie hat Kotthoff (2006) aus 12 Falluntersuchungen erstellt. Am interessantesten ist der Typus des „mitgestaltenden Arbeitsgremiums", dessen Aktionsradius dem des deutschen Betriebsrats sehr nahe kommt. Als faktisches Verhandlungsgremium mit einem kontinuierlich arbeitenden Lenkungsausschuss überschreitet er als EBR eindeutig den von der Richtlinie gesetzten Rahmen der Information und Konsultation. Überraschenderweise sind die drei Konzerne, in denen dieser Typus vorgefunden wurde, eher angelsächsisch geprägte Konzerne, in denen es keine dominante Stammhauskultur gibt. Die schwachen Traditionen und „nomadisierenden Ausländer" in den Führungsgremien begünstigen, Kotthoff zufolge, eine genuin europäische, unideologische, strategisch rationale Arbeitsweise. Neben zwei weiteren vertretungswirksamen Typen beschreibt Kotthoff auch zwei ineffektive Typen des EBR. Mindestens die Hälfte seiner Fallstudien dokumentiert einen EBR als sozialen Faktor, der auf einer neuen Vertretungsebene Wirkungen hervorbringt, auf den das Konzernmanagement reagiert.

Eine erste repräsentative Befragung von 473 Vertretern europäischer Betriebsräte (Waddington 2006b) erbrachte ein zwiespältiges Bild: Die Mehrzahl beklagt, dass sie erst verspätet Informationen über geplante Umstrukturierungsmaßnahmen erhält, wodurch ihre potenzielle Einflussnahme erheblich eingeschränkt wird; andererseits hat ein knappes Drittel der Befragten mit der Konzernleitung transnationale Vereinbarungen getroffen, deren Status die in der Richtlinie fixierten Kompetenzen des EBR überschreiten.

Einige bemerkenswerte Ergebnisse der Untersuchungen seien noch genannt:

- Gegenüber dem angelsächsischen und mediterranen Gegenmachtmodell scheint sich das „rheinische" und skandinavische kooperative Modell auch in jenen Konzernen durchzusetzen, die in Ländern mit konfliktorischen Arbeitsbeziehungen ihren Stammsitz haben. Kotthoff nennt als einsichtigen Grund: „Die Delegierten aus den partnerschaftlich orientierten Ländern haben einen Vorsprung an Ressourcen, Professionalität und Erfahrung, der sie für die Rolle des Schrittmachers im EBR prädestiniert." (Kotthoff 2006, S. 173).
- Etwa zwei Drittel der EBR-Vereinbarungen bevorzugen gemischte Gremien, setzen sich also – analog zum französischen „comité d'entreprise" – aus Arbeitnehmer- und Arbeitgebervertretern zusammen.
- Die große Mehrzahl der EBR verfügt über besondere (Lenkungs-) Ausschüsse als permanente Kommunikations- und Arbeitsgremien.

- Die wichtigste Unterstützung der Gewerkschaften ist deren „Geburtshilfe" bei der Einrichtung eines EBR. In die laufenden Prozesse sind die Gewerkschaften weniger involviert; er droht ihnen zu entgleiten, mit der Tendenz zu isolierten, konzerninternen Vertretungsstrukturen.
- Das Sprachproblem ist in vielen Fällen ein gravierendes, aber kein unüberwindbares Problem. Die offiziellen Sitzungen werden simultan übersetzt. Wichtig für die Arbeitsfähigkeit ist, dass der EBR-Vorsitzende und die anderen Mitglieder des Lenkungsausschusses über hinreichende Sprachkenntnisse verfügen, um sich kontinuierlich über Telefon und E-Mail verständigen zu können.
- Ein länderspezifisches Problem ist das ungeklärte Verhältnis zwischen deutschem Konzernbetriebsrat und EBR und damit das latente Konkurrenzproblem zwischen beiden.

Wenn wir ein vorläufiges Resümee aus der EBR-Forschung ziehen, dann lassen sich zwar noch keine quantitativ-repräsentativen Aussagen in einem streng methodischen Sinn machen, aber so viel kann gesagt werden: die euroskeptische Sicht auf den EBR hat sich als unberechtigt erwiesen. Selbst wenn eine beträchtliche Zahl der untersuchten EBR (vorerst) nur „symbolisch" existiert und agiert, sind es gerade die avancierteren Beispiele der Fallstudien, die die inhärente Dynamik und das positive Entwicklungspotenzial dieser originären europäischen Institution anzeigen.

Europäischer Partizipationsindex Um die Partizipationsmöglichkeiten zwischen den EU-Ländern vergleichen zu können, hat das Europäische Gewerkschaftsinstitut in Brüssel einen Partizipationsindex gebildet (Vitols 2010), der sich aus drei Dimensionen zusammensetzt: „board-level participation, workplace participation and collective bargaining participation" (ebd., S. 2). Während die ersten beiden Dimensionen numerisch (0: keine Partizipation – 2: starke Partizipation) bewertet werden, schlägt die tarifvertragliche Dimension mit den jeweiligen Prozentwerten des gewerkschaftlichen Organisationsgrades einerseits und des Deckungsgrades der Tarifbindung andererseits zu Buche. Letzterem ist es zuzuschreiben, dass Deutschland erst nach den skandinavischen Ländern sowie Österreich, Niederlande und Luxemburg auf Platz 7 landet (ebd., S. 8), wenngleich es bei der Partizipation auf der Unternehmens- und Betriebsebene in der Skalierung mit diesen Ländern gleichauf liegt.

Schlusswort

Der Begriff *Mitbestimmungskultur* bezeichnet ein für Deutschland charakteristisches Phänomen. Gemeint ist damit mehr als die Rechte und Praktiken der Mitbestimmungsinstitutionen. Vielmehr wird mit *Kultur* auf etwas Eingebettetes, Gewachsenes und Verflochtenes hingewiesen. Und in der Tat sind die Vorstellungen von deutscher Mitbestimmung häufig mit der von deutscher Qualitätsproduktion und Sozialer Marktwirtschaft, auch mit der von einer qualifizierten und motivierten Arbeitnehmerschaft verquickt. Exemplarisch nachgewiesen wird Mitbestimmungskultur vornehmlich in Unternehmen (z. B. Volkswagen, Opel, ThyssenKrupp, BASF) und Regionen (z. B. Ruhrgebiet). Im weiteren Sinne – und meist vermittelt durch diese – wird sie auch, zumal in der Außenwahrnehmung, als prototypisch für das deutsche Sozial- und Wirtschaftssystem insgesamt wahrgenommen.

Zur Herausbildung und Festigung der Mitbestimmungskultur haben Pfadabhängigkeit und kollektive Lernprozesse beigetragen. Wesentlicher Faktor für die Entstehung, Stabilisierung und Weiterentwicklung von Mitbestimmungsinstitutionen in Deutschland waren die staatliche Kreation und Intervention im Konfliktfeld der Arbeitsbeziehungen. Seit den Arbeiterausschüssen im Kaiserreich wurde jener Pfad beschritten, der den Institutionen der Mitbestimmung eine *Vermittlungsfunktion* zwischen Kapital und Arbeit zuwies und ihren Trägern eine doppelte Loyalität abverlangte. Die staatliche Geburtshilfe war insofern konstitutiv, weil die Errichtung von Institutionen mit „intermediären Programmen" von den Interessenparteien nicht zu erwarten ist. Sie tendieren dazu, Institutionen zu schaffen, die ihren jeweiligen Eigeninteressen und ihrer je spezifischen Handlungslogik entsprechen. Die Mitbestimmungsinstitutionen kodifizieren jedoch inhaltliche Rechte und Pflichten in einer Kombination, die sie bei den sozialen Konfliktparteien zu (zumindest zeitweise) umstrittenen Institutionen machten. Wie ihre wechselvolle Geschichte zeigt, wurde sie mal von dieser, mal von jener

© Springer Fachmedien Wiesbaden GmbH, ein Teil von Springer Nature 2019
W. Müller-Jentsch, *Mitbestimmung, essentials*,
https://doi.org/10.1007/978-3-658-24174-2

Seite bekämpft oder abgelehnt. Während die frühe Form gesetzlicher Institutionalisierung der Betriebsverfassung in Weimar der Kapitalseite ein „Zuviel", in der
Bonner Republik den Gewerkschaften ein „Zuwenig" an Rechten und Zugeständnissen beinhaltete, war es gerade die Äquidistanz staatlicher Regelungen, die
ihnen Dauer und Stabilität verleihen konnte. Immer dann, wenn die Interessen-
konflikte zwischen Kapital und Arbeit mit Veränderung der politischen und
wirtschaftlichen Rahmenbedingungen an Schärfe zunahmen, richteten sich die
antagonistischen Handlungslogiken gegen das intermediäre Programm der Mitbestimmung. Da sie als gesetzliche Einrichtung nicht einfach zu übergehen oder
zu beseitigen war, konnte sie auch in Zeiten verschärfter Auseinandersetzungen
überleben (so zuletzt die von Unternehmerverbänden lancierte Attacke gegen die
Unternehmensmitbestimmung als „historischen Irrtum" zu Beginn dieses Jahrhunderts). Daraus erklärt sich die Dynamik ihrer Geschichte, die auch als ein
langwieriger interaktiver Lernprozess der beteiligten Akteure zu lesen ist. Relativ spät erst lernten sie, das Potenzial der Mitbestimmung bewusst für Win-win-
Konstellationen zu nutzen.

Fast schon sprichwörtlich ist die Mitbestimmungskultur bei der Volkswagen
AG. Als ihre wichtigsten Elemente gelten, dass „1. die Betriebsräte, weit über
ihre gesetzlichen Mitbestimmungsrechte hinaus, an den zentralen strategischen
und operativen Unternehmensentscheidungen beteiligt werden, 2. Management
und Betriebsrat gemeinsame betriebliche Interessen verfolgen, aber zugleich
ihre gegensätzliche Interessen anerkennen und 3. beide Seiten Konfronta-
tionen vermeiden und kompromisshafte Lösungen suchen" (Dombois 2009,
S. 208). Wenn dieses Muster gleichsam zum Inbegriff des erfolgreichen Ausgleichs von Unternehmens- und Beschäftigteninteressen geworden ist, dann hat
die sog. „VW-Affäre" (Dombois 2009) freilich auch die inhärenten Risiken der
Korrumpierbarkeit vom Betriebsräten und Arbeitsdirektoren offengelegt.

Nicht von der Hand zu weisen sind die Anzeichen für eine schleichende
Erosion der Mitbestimmungskultur. Ihre einstmals stärkste Bastion, die im
Ruhrgebiet, welche auf einer engen Verflechtung von Montanindustrie und kom-
munalen Strukturen basierte (Faulenbach 1987), ist heute weitgehend abgetragen.
Zu zweifeln ist auch, dass die neuen Unternehmen im Dienstleistungs- und
IT-Sektor ein günstiges Substrat für die Etablierung neuer Mitbestimmungs-
kulturen bieten. Ebenso wenig zu erwarten ist, dass jüngere Management-
generationen im Zeichen der Globalisierung in ihrer Sozialisation ausgeprägte
mitbestimmungsaffine Orientierungen erwerben.

Ob in den großen Traditionsunternehmen die Mitbestimmungskultur auf
Dauer Bestand haben wird, bleibt dahingestellt, wenngleich ein einschlägiges

Beispiel für ihre Robustheit selbst bei grundlegender Umstrukturierung spricht: Als das chemische Unternehmen BASF 2008 in eine europäische Aktiengesellschaft (SE) umgewandelt wurde, blieb die institutionalisierte Mitbestimmung nicht nur in ihrer Substanz unangetastet, sondern „die im Laufe der Jahre in Deutschland gewachsene Sozialpartnerschaft und Mitbestimmungskultur" wurden mit der SE-Gründung „zur Grundlage des Miteinanders im gesamten europäischen Teil des Konzerns" (so das Urteil des Vorstandsmitglieds der zuständigen Gewerkschaft, Michael Vassiliadis; siehe IG Bergbau, Chemie, Energie: Pressemitteilung vom 15.11.2007). Zu der Schlussfolgerung, dass durch SE-Gründungen die Beteiligungsrechte von Arbeitnehmern in grenzüberschreitenden Angelegenheiten gestärkt werden können, kommt auch eine quantitative Untersuchung (Rosenbohm 2013) von 87 SE-Gründungen in Europa.

Eine daraus zu ziehende Erkenntnis könnte lauten: Die beste Verteidigung der deutschen Mitbestimmungskultur besteht in ihrer Übertragung auf die Ebene der Europäischen Union.

Was Sie aus diesem *essential* mitnehmen können

- Welche weitgehenden Rechte die Mitbestimmung in Deutschland den Arbeitnehmern über ihre Arbeitsbedingungen einräumt.
- Einsicht in die Geschichte der Entstehung und pfadabhängigen Evolution der Mitbestimmung durch Staat, Unternehmer und Gewerkschaften.
- Fundierte Kenntnisse über die rechtlichen Rahmenbedingungen und die vielfältige Praxis von Betriebsräten und Arbeitnehmervertretungen im Aufsichtsrat.
- Warum die Mitbestimmung als ein demokratisches Ordnungselement der Sozialen Marktwirtschaft zu verstehen ist.
- In welcher Weise in der Europäischen Union und ihren Mitgliedsländern die Mitbestimmung geregelt wird.

© Springer Fachmedien Wiesbaden GmbH, ein Teil von Springer Nature 2019
W. Müller-Jentsch, *Mitbestimmung*, essentials,
https://doi.org/10.1007/978-3-658-24174-2

Literatur

Adelmann, Gerhard (1963): Die Beziehungen zwischen Arbeitgeber und Arbeitnehmer in der Ruhrindustrie vor 1914. In: Jahrbücher für Nationalökonomie und Statistik, Vol. 175, No. 5–6, S. 412–427

Artus, Ingrid/Kraetsch, Clemens/Röbenack, Silke (2015): Betriebsratsgründungen. Typische Prozesse, Strategien und Probleme – eine Bestandsaufnahme. Baden-Baden

Bahnmüller, Reinhard/Salm, Rainer (Hg.) (1996): Intelligenter, nicht härter arbeiten. Gruppenarbeit und gewerkschaftliche Gestaltungspolitik. Hamburg

Bamberg, Ulrich/Bürger, Michael/Mahnkopf, Birgit/Martens, Helmut/Tiemann, Jörg (1987): Aber ob die Karten voll ausgereizt sind... 10 Jahre Mitbestimmungsgesetz in der Bilanz. Köln

Baumann, Helge (2015): Die WSI-Betriebsrätebefragung 2015. In: WSI-Mitteilungen, 68. Jg., Heft 8, S. 630–638

Baumann, Helge/Mierich, Sandra/Maschke, Manuela (2018): Betriebsvereinbarungen 2017 – Verbreitung und (Trend-)Themen. In: WSI-Mitteilungen, 71. Jg., Heft 4, S. 317–325

Bayer, Walter (2009): Drittelbeteiligung in Deutschland – Ermittlung von Gesellschaften, die dem DrittelbG unterliegen. Untersuchung im Auftrag der Hans-Böckler-Stiftung. [https://www.boeckler.de/pdf/mbf_drittelbeteiligung.pdf]

Bertelsmann Stiftung/Hans-Böckler-Stiftung (Hg.): (1998): Mitbestimmung und neue Unternehmenskulturen – Bilanz und Perspektiven. Bericht der Kommission Mitbestimmung, Gütersloh

Boes, Andreas/Baukrowitz, Andrea 2002: Arbeitsbeziehungen in der IT-Industrie. Erosion oder Innovation der Mitbestimmung? Berlin

Böhm, Franz (1951): Das wirtschaftliche Mitbestimmungsrecht der Arbeiter im Betrieb. In: ORDO – Jahrbuch für die Ordnung von Wirtschaft und Gesellschaft, Band 4, S. 21–250

Böhm, Franz (1967): Die rechtliche Problematik der paritätischen Mitbestimmung. In: Goetz Briefs (Hg.): Mitbestimmung? Beiträge zur Problematik der paritätischen Mitbestimmung in der Wirtschaft von Franz Böhm, Goetz Briefs, Wolfgang Heintzeler, Anton Rauscher und Werner Schöllgen. Stuttgart, S. 21–195

Böhm, Franz (1971): Mitbestimmung als Gleichberechtigung von Kapital und Arbeit oder als Vertragsanspruch der Arbeitnehmer aus dem Arbeitsverhältnis. In: Franz Böhm/Goetz Briefs (Hg.): Mitbestimmung – Ordnungselement oder politischer Kompromiß. Stuttgart, S. 206–234

© Springer Fachmedien Wiesbaden GmbH, ein Teil von Springer Nature 2019
W. Müller-Jentsch, *Mitbestimmung, essentials*,
https://doi.org/10.1007/978-3-658-24174-2

Böhm. Franz/Briefs, Goetz (Hg.) (1971): Mitbestimmung – Ordnungselement oder politischer Kompromiß. Stuttgart

Bosch, Aida (1997): Vom Interessenkonflikt zur Kultur der Rationalität. Neue Verhandlungsbeziehungen zwischen Management und Betriebsrat. München und Mering

Bosch, Aida/Ellguth, Peter/Schmidt, Rudi/Trinczek, Rainer (1999): Betriebliches Interessenhandeln. Band 1. Opladen.

Brentano, Lujo (1890): Arbeitseinstellungen und Fortbildung des Arbeitsvertrags. Leipzig

Brigl-Matthiaß, Kurt (1926): Das Betriebsräteproblem. Berlin und Leipzig

Bungard, Walter/Antoni, Conny H. (1993): Gruppenorientierte Interventionstechniken. In: Heinz Schuler (Hg.): Lehrbuch Organisationspsychologie. Bern, S. 377–404

Däubler, Wolfgang (1973): Das Grundrecht auf Mitbestimmung und seine Realisierung durch tarifvertragliche Begründung von Beteiligungsrechten. Frankfurt/M.

Däubler, Wolfgang (2006): Das Arbeitsrecht 1. Die gemeinsame Wahrung von Interessen im Betrieb. Leitfaden für Arbeitnehmer. 16. Auflage. Reinbek bei Hamburg

De Spiegelaere, Dan/Jagodzinski, Romuald (2015): European Works Councils and SE Works Councils in 2015. Facts and Figures. Brussels

Deutscher Bundestag (2016): Politischer Handlungsbedarf – 40 Jahre Unternehmensmitbestimmung in Deutschland. Antwort der Bundesregierung auf die Kleine Anfrage, Drucksache 18/8354 vom 6. Mai 2016

DGB (Deutscher Gewerkschaftsbund) (2017): Schriftliche Stellungnahme. In: Deutscher Bundestag, Ausschuss für Arbeit und Soziales: Materialien zur öffentlichen Anhörung von Sachverständigen in Berlin am 29. Mai 2017. Ausschussdrucksache 18(11)1061, S. 9–12

Dombois, Rainer (2009): Die VW-Affäre. Lehrstück zu den Risiken deutschen Co-Managements? In: Industrielle Beziehungen, 16. Jg., Heft 3, S. 207–231

Eberwein, Wilhelm/Tholen, Jochen (1990): Managermentalität. Industrielle Unternehmensleitung als Beruf und Politik. Frankfurt/M.

Ellguth, Peter/Kohaut, Susanne (2017): Tarifbindung und betriebliche Interessenvertretung: Ergebnisse aus dem IAB-Betriebspanel 2016. In: WSI-Mitteilungen, 70. Jg., Heft 4, S. 276–286

Ellguth, Peter/Kohaut, Susanne (2018): Tarifbindung und betriebliche Interessenvertretung: Aktuelle Ergebnisse aus dem IAB-Betriebspanel 2017. In: WSI-Mitteilungen, 71. Jg., Heft 4, S. 299–306

Faulenbach, Bernd (1987): Mitbestimmung und politische Kultur im Ruhrgebiet. In Helmut Martens/Gerd Peter (Hg.): Mitbestimmung und Demokratisierung. Stand und Perspektiven der Forschung. Wiesbaden, S. 216–228

Frese, Heinrich (1909): Die konstitutionelle Fabrik. Jena

Fuhrmann, Uwe (2017): Die Entstehung der „Sozialen Marktwirtschaft" 1948/49. Eine Dispositivanalyse. Konstanz und München

Galperin, Hans (1971): Der Regierungsentwurf eines neuen Betriebsverfassungsgesetzes. Eine kritische Analyse. Düsseldorf

Geisler, Günter/Heese, Alfred (1986): Die Institution des Arbeitsdirektors. In: Rudolf Judith (Hg.): 40 Jahre Mitbestimmung. Köln, S. 179–201

Gerlach, Frank (2012): Innovation und Mitbestimmung. Empirische Untersuchungen und Literaturstudien. Düsseldorf

Giersch, Herbert (2006): Die offene Gesellschaft und ihre Wirtschaft. Hamburg

Girndt, Cornelia/ Hasel, Margarete/Böhre, Birgit (2006): „Eine große Errungenschaft". In: Mitbestimmung. Magazin der Hans-Böckler-Stiftung, 52. Jg., Heft 9, S. 50–55

Greifenstein, Ralf/Kißler, Leo/Lange, Hendrik (2017): Trendreport Betriebsratswahlen 2014. Düsseldorf

Haipeter, Thomas/Korflur, Inger/Schilling, Gabi (2018: Neue Koordinaten für eine proaktive Betriebspolitik. Erfahrungen aus dem Gewerkschafsprojekt „Arbeit 2020 in NRW". In: WSI-Mitteilungen, 71. Jg., Heft 3, S. 219–222

Hauser-Ditz, Axel/Hertwig, Markus/Pries, Ludger (2008): Betriebliche Interessenregulierung in Deutschland. Arbeitnehmervertretung zwischen demokratischer Teilhabe und ökonomischer Effizienz. Frankfurt/M.

Hauff, Michael von (Hg.) (2007): Die Zukunftsfähigkeit der Sozialen Marktwirtschaft. Marburg

Honecker, Martin (1995): Grundriß der Sozialethik. Berlin

Ittermann, Peter (2007): Betriebliche Partizipation in Unternehmen der Neuen Medien. Innovative Formen der Beteiligung auf dem Prüfstand. Frankfurt/M.

Jürgens, Ulrich/Malsch, Thomas/Dohse, Knut (1989): Moderne Zeiten in der Automobilindustrie. Strategien der Produktionsmodernisierung im Länder- und Konzernvergleich. Berlin

Jirjahn, Uwe (2010): Ökonomische Wirkungen der Mitbestimmung in Deutschland: Ein Update. Arbeitspapier 186 der Hans-Böckler-Stiftung. Düsseldorf

Kohaut, Susanne/Schnabel, Claus (2006): Tarifliche Öffnungsklauseln: Verbreitung, Inanspruchnahme und Bedeutung. Diskussionspapier Nr. 41 des Lehrstuhls für VWL, insbes. Arbeitsmarkt und Regionalpolitik. Nürnberg

Kotthoff, Hermann (1981): Betriebsräte und betriebliche Herrschaft. Frankfurt/M.

Kotthoff, Hermann (1994): Betriebsräte und Bürgerstatus. München und Mering

Kotthoff, Hermann (1998): Mitbestimmung in Zeiten interessenpolitischer Rückschritte. Betriebsräte zwischen Beteiligungsofferten und „gnadenlosem Kostensenkungsdiktat". In: Industrielle Beziehungen, 5. Jg., Heft 1, S. 76–100

Kotthoff, Hermann (2006): Lehrjahres des Europäischen Betriebsrats. Zehn Jahre transnationale Arbeitnehmervertretung. Berlin

Kotthoff, Hermann (2013): Betriebliche Mitbestimmung im Spiegel der jüngeren Forschung. In: Industrielle Beziehungen, 20. Jg., Heft 4, S. 323–341

Kriegesmann, Bernd/Kley, Thomas (2012): Mitbestimmung als Innovationstreiber. Bestandsaufnahme, Konzepte und Handlungsperspektiven für Betriebsräte. Berlin

Lauschke, Karl (2006): Mehr Demokratie in der Wirtschaft. Die Entstehungsgeschichte des Mitbestimmungsgesetzes von 1976. Düsseldorf

Lauschke, Karl (2007): Die halbe Macht. Mitbestimmung in der Eisen-und Stahlindustrie 1945 bis 1989. Essen

Lecher, Wolfgang/Nagel, Bernhard/Platzer, Hans-Wolfgang (1998): Die Konstituierung Europäischer Betriebsräte – Vom Informationsforum zum Akteur? Baden-Baden

Lecher, Wolfgang/Platzer, Hans-Wolfgang/Rüb, Stefan/Weiner, Klaus-Peter (1999): Europäische Betriebsräte – Perspektiven ihrer Entwicklung und Vernetzung. Baden-Baden

Marginson, Paul (1999): EWC Agreements Under Review: Arrangements in Companies Based in Four Countries Compared. In: Transfer, 5. Jg., Heft 3, S. 256–277

Marshall, Thomas H. (1992): Staatsbürgerrechte und soziale Klassen. In: ders.: Bürgerrechte und soziale Klassen. Frankfurt/M., S. 33–94

Maschke, Manuela/ Mierich, Sandra /Werner, Nils (2008): Arbeiten 4.0. Diskurs und Praxis in Betriebsvereinbarungen. Teil 2. Mitbestimmungsreport Nr. 41 der Hans-Böckler-Stiftung. Düsseldorf

Massa-Wirth, Heiko/Seifert, Hartmut (2004): Betriebliche Bündnisse für Arbeit nur mit begrenzter Reichweite? In: WSI-Mitteilungen, 57. Jg., Heft 5, S. 246–254

Mattheier, Klaus (1973): Die Gelben. Nationale Arbeiter zwischen Wirtschaftsfrieden und Streik. Düsseldorf

Mickler, Otfried/Engelhard, Norbert/Lungwitz, Ralph/Walker, Bettina (1996): Nach der Trabi-Ära. Arbeiten in schlanken Fabriken. Berlin

Milert,Werner /Tschirbs, Rudolf (2008): Die andere Demokratie. Betriebliche Interessenvertretung in Deutschland, 1848 bis 2008. Essen

Mitbestimmung im Unternehmen. Bericht der Sachverständigenkommission zur Auswertung der bisherigen Erfahrungen bei der Mitbestimmung (Mitbestimmungskommission). Bundestagsdrucksache VI/334 vom 4. Februar 1970

Müller, Torsten/Platzer, Hans-Wolfgang (2003): European Works Councils. In: Berndt Keller/Hans-Wolfgang Platzer (Hg.): Industrial Relations and European Integration. Trans- and Supranational Developments and Prospects. Aldershot

Müller-Armack, Alfred (1948). Vorschläge zur Verwirklichung der Sozialen Marktwirtschaft. In: ders. (1981): Genealogie der Sozialen Marktwirtschaft. Frühschriften und weiterführende Konzepte. 2. Aufl. Bern und Stuttgart, S. 91–109

Müller-Armack, Alfred (1956): Soziale Marktwirtschaft. In: Handwörterbuch der Sozialwissenschaften, 9. Band, S. 390–392

Müller-Armack, Alfred (1978): Die Grundformel der sozialen Marktwirtschaft. In: Ludwig-Erhard-Stiftung (Hg.): Symposion I: Soziale Marktwirtschaft als nationale und internationale Ordnung, Bonn

Müller-Jentsch, Walther (2017): Strukturwandel der industriellen Beziehungen. ‚Industrial Citizenship‘ zwischen Markt und Regulierung. Wiesbaden

Müller-Jentsch, Walther (2018): Tarifautonomie. Über die Ordnung des Arbeitsmarktes durch Tarifverträge. Wiesbaden

Müller-Jentsch, Walther/Seitz, Beate (1998): Betriebsräte gewinnen Konturen. Ergebnisse einer Betriebsräte-Befragung im Maschinenbau. In: Industrielle Beziehungen. 5. Jg., Heft 4, S. 363–387

Müller-List, Gabriele (1984): Montanmitbestimmung. Das Gesetz über die Mitbestimmung der Arbeitnehmer in den Aufsichtsräten und Vorständen der Unternehmen des Bergbaus und der Eisen- und Stahl erzeugenden Industrie vom 21. Mai 1951. Düsseldorf

Naphtali, Fritz (1928/1966): Wirtschaftsdemokratie. Ihr Wesen, Weg und Ziel. Reprint 1966. Frankfurt/M.

Neuloh, Otto (1956): Die deutsche Betriebsverfassung und ihre Sozialformen bis zur Mitbestimmung. Tübingen

Niedenhoff, Horst-Udo Niedenhoff (2002): Mitbestimmung in der Bundesrepublik Deutschland. Köln

Pfeiffer, Sabine (2014): Innovation und Mitbestimmung (Sammelbesprechung). In: Industrielle Beziehungen, 21. Jg., Heft 4, S. 390–405

Pirker, Theo (1979): Die blinde Macht. Die Gewerkschaftsbewegung in Westdeutschland. Teil I: 1945–1952. Reprint. Berlin

Platzer, Hans-Wolfgang/Rüb, Stefan (1999): Europäische Betriebsräte: Genese, Formen und Dynamiken ihrer Entwicklung – Eine Typologie. In: Industrielle Beziehungen, 6. Jg., Heft 4, S. 393–426

Potthoff, Erich/Blume, Otto/Duvernell, Helmut (1962): Zwischenbilanz der Mitbestimmung. Tübingen

Quaas, Friedrun (2000): Soziale Marktwirtschaft. Wirklichkeit und Verfremdung eines
Konzepts. Bern

Rehder, Britta (2006): Legitimitätsdefizite des Co-Managements. In: Zeitschrift für Sozio-
logie, 35. Jg., Heft 3, S. 227–242

Rosenbohm, Sophie (2013): Verhandelte Arbeitnehmerbeteiligung. Ein empirischer Vergleich der Formen vor und nach der Gründung einer Europäischen Aktiengesellschaft.
In: Industrielle Beziehungen, 20. Jg., Heft 1, S. 8–35

Schmoldt, Hubertus (2004): Die Mitbestimmung ist ein Standortvorteil. In: ifo Schnelldienst,
57. Jg., Heft 22, S. 3–4 [http://www.cesifo-group.de/DocDL/ifosd_2004_22_1.pdf]

Schönhoven, Klaus (1987): Die deutschen Gewerkschaften. Frankfurt/M.

Schwarz-Kocher, Martin/Kirner, Eva/Dispan, Jürgen/Jäger, Angela/Richter, Ursula/Seibold,
Bettina/Weißfloch, Ute (2011): Interessenvertretungen im Innovationsprozess. Der Ein-
fluss von Mitbestimmung und Beschäftigtenbeteiligung auf betriebliche Innovationen.
Berlin

Stötzel, Georg/Wengeler, Martin (1995): Kontroverse Begriffe : Geschichte des öffentlichen Sprachgebrauchs in der Bundesrepublik Deutschland. Berlin

Testorf, Christian (2017): Ein heißes Eisen. Zur Entstehung des Gesetzes über die Mitbestimmung der Arbeitnehmer von 1976. Bonn

Teuteberg, Hans Jürgen (1961): Geschichte der industriellen Mitbestimmung in Deutschland. Tübingen

Thalemann, Gero (2011): Die Soziale Marktwirtschaft der Bundesrepublik Deutschland –
ein realisiertes Konzept? Analyse von Genesis, theoretischem Gehalt und praktischer
Verwirklichung. Hamburg

Vitols, Sigurt (2006): Ökonomische Auswirkungen der paritätischen Mitbestimmung: Eine
ökonometrische Analyse. Gutachten im Auftrag des DGB Bundesvorstandes, Bereich
Mitbestimmung und Unternehmenspolitik. Berlin

Vitols, Sigurt (2010): The European Participation Index (EPI): A Tool for Cross-National
Quantitative Comparison. Background paper. ETUI Brussels

Waddington, Jeremy (2006a): Contesting the Development of Works Councils in the
Chemicals Sector. In: European Journal of Industrial Relations, 12. Jg., Heft 3, S. 329–352

Waddington, Jeremy (2006b): Was leisten Europäische Betriebsräte? Die Perspektive der
Arbeitnehmervertreter. In: WSI-Mitteilungen, 59. Jg., Heft 10, S. 560–567

Waddington, Jeremy/Kerckhofs, Peter (2003): European Works Councils: What is the
Current State of Play? In: Transfer, 9. Jg., Heft 2, S. 322–339

Waddington, Jeremy / Conchon, Aline (2016): Board-Level Employee Representation in
Europe. Priorities, Power and Articulation. New York und London

Weiss, Manfred (2006): Arbeitnehmermitwirkung. Kernelement des Europäischen Sozial-
modells. In: Industrielle Beziehungen, 13. Jg., Heft 1, S. 5–20

Willgerodt, Hans (1970): Der liberale Standpunkt und die Mitbestimmungsfrage. In: ORDO.
Jahrbuch für die Ordnung von Wirtschaft und Gesellschaft. Band 21, S. 217–242.

Willgerodt, Hans (1971): Demokratisierung und die Freiheit des einzelnen. In: Franz
Böhm und Goetz Briefs (Hg.): Mitbestimmung – Ordnungselement oder politischer
Kompromiß. Stuttgart, S. 9–29

Printed in the United States
By Bookmasters